THE PIP ANTHOLOGY OF WORLD POETRY
OF THE 20TH CENTURY
VOLUME 6

GREEN INTEGER
6022 Wilshire Boulevard, Suite 200A
Los Angeles, California 90036

(323) 857-1115 fax: (323) 857-0143
E-Mail: info@greeninteger.com
visit our web-site: www.greeninteger.com

Douglas Messerli, Publisher

THE PIP

ANTHOLOGY OF WORLD POETRY
OF THE 20TH CENTURY

VOLUME 6

LIVING SPACE:
POEMS OF THE DUTCH FIFTIERS

Edited with an Introduction by Peter Glassgold
Revised and expanded, with a Note, by Douglas Messerli

EL-E-PHANT 6

GREEN INTEGER
KØBENHAVN & LOS ANGELES
2005

GREEN INTEGER BOOKS
Edited by Per Bregne
København / Los Angeles

Distributed in the United States by Consortium Book
Sales and Distribution, 1045 Westgate Drive, Suite 90
Saint Paul, Minnesota 55114-1065
Distributed in England and throughout Europe by
Turnaround Publisher Services
Unit 3, Olympia Trading Estate
Coburg Road, Wood Green, London N22 6TZ
44(0)2088293009

(323) 857-1115 / http://www.greeninteger.com

First Green Integer Edition 2005
A different edition of this book was published as *Living Space: Poems of the Dutch Fiftiers*,
Edited with an Introduction by Peter Glassgold (New York: New Directions, 1979).
Copyright ©1979 by the Foundation for the Promotion of the Translation of Dutch
Literary Works and Peter Glassgold. This expanded and revised edition was published
through agreement with New Directions Publishing Corporation, Inc.
Revised and expanded Edition Copyright ©2005 by Douglas Messerli and Peter Glassgold.
Thanks to the Foundation for the Production and Translation of Dutch Literature, Henk Pröpper and
Thomas Möhlmann for their support of this publication.
For the copyright of the original Dutch poems and the translations
see the end of each poet's section.
Back cover copy ©2005 by Green Integer
All rights reserved

Design: Per Bregne
Typography: Kim Silva
Photographs: [from left to right] Bert Schierbeek (drawing by Frank Lodeizen);
Hugo Claus (photograph ©Gerald Dauphin); Remco Campert (drawing by Waldemar Post);
Hugo Claus, Sybren Polet, Paul Rodenko, Jan G. Elburg, Burt Schierbeek, Simon Vinkenoog,
Remco Campert, and Gerrit Kouwenaar (photograph by Eddy Posthua at De Bezige Bij);
Jan G. Elburg (painting by Lotte Ruting); Sybren Polet; Lucebert (photograph ©1962
by Giny Klaster Oederkerk)

LIBRARY OF CONGRESS CATALOGING IN PUBLICATION DATA
Peter Glassgold [1939] and Douglas Messerli [1947]
The PIP anthology of World Poetry of the 20th Century, Volume 6
Living Space—Poems of the Dutch Fiftiers
ISBN: 1-933392-10-4
p. cm – Green Integer/EL-E-PHANT no. 6
I. Title II. Series

Green Integer books are published for Douglas Messerli
Printed in the United States on acid-free paper.

TABLE OF CONTENTS

Living Space: Poems of the Dutch Fiftiers
Introduction/ Peter Glassgold   7
Note/ Douglas Messerli   11

   Remco Campert   15

   Hugo Claus   65

   Jan G. Elburg   99

   Gerrit Kouwenaar   127

   Lucebert (Lucebertus Jacobus van Swannswijk)   157

   Sybren Polet (Sybe Minnema)   195

   Paul Rodenko   223

   Bert Schierbeek   231

   Simon Vinkenoog   265

   News and Corrections   285

INTRODUCTION

It is the fall of 1977. After two weeks in Holland and Flanders, I am on the express train to Paris, sharing a compartment with a tall, fair, pug-faced young man, a Dutch physics student en route to Grenoble. He is amused to find I can speak and read some Dutch, and even more to learn of my interest in the literature. In his stolid way, he is especially tickled by the idea of translating the work of Dutch and Flemish writers into English: "For why?"

I explain that even if Dutch is a minor language in terms of numbers, it has a literary tradition that, on the whole, is certainly as sophisticated and innovative as most others. Its writers surely deserve to be more widely known.

"Like who?"

"Well, like Stijn Streuvels."*

Startled laughter. *"Hij is dood!"* ["He is dead!"]

"And the Fiftiers," I add—uselessly, I feel.

"Excuse?"

"De Vijftigersbeweging." ["The Fiftiers' movement."]

"But that is *poetry.*"

And here, thank God, we end the conversation.

Such cultural self-contempt as that student displayed finds parallels in any language community conscious of its isolation and can be seen as the reverse side of the will to survive under the fortuitous siege of history. (One thinks, for example, of the conflicting determinations among the speakers of Yiddish, on the one had to keep their language alive, on the other to throw it over as a mark of centuries of degradation or, at the very least, as a reminder of a shameful immigrant status.) Small size is not the only factor that gives rise to this sort of defensiveness: the standards of "purity" set by the French Academy, the vacillation of Russian and Chinese attitudes toward the outside world, the know-nothing spirit of "America first"—all have a strong protective sense of language at their base. Until the dream of a universal tongue is realized, where the articulation of ideas is concerned, translation acts as culture's driving wedge; today's "global village" is a spectacular dumbshow without it.

---

*Stijn Streuvels (1871-1969) is the leading figure of the Flemish literary revival. Of his more than fifty volumes of collected prose, only two novels, *The Long Road (Langs de Wegen)* and *The Flaxfield (De Vlaschaard)* have been published in English, the latter translated by Peter Glassgold and André Lefevere. Passing him off lightly is like dismissing, say, Twain or Whitman, Faulkner or Hemingway.

Historically, the role of translation has always been catalytic. I emphasize this here because *Living Space: Poems of the Dutch Fifties* is the first major collection of contemporary Dutch poetry to appear in English; and further, because its publication comes at a time when America's long postwar cultural domination seems on the wane, so that a conscious openness to fresh influences is especially called for. And one never knows from what quarter the most fertile ideas may come. It was, after all, a verse translation of the *Odyssey* in Latin, made in the third century B.C.E. by the Greek slave Livius Andronicus for his master's children, that marked the beginning of a cultural revolution in the ancient Roman world. At the same period, no one cold have predicted the long-term effects of rendering the sacred books of the Jews from Hebrew—clearly a "dying" language—into Hellenistic Greek.

Closer to our own time, as recently as the 1850s we find the Dutch language to be the lone conduit of Western ideas into Japan, by way of the East India Company's compound on the island of Deshima off Nagasaki. Nothing at all of the West was known—its geography and history, physics and chemistry, medicine, military science—except from a few Dutch books, diligently memorized and copied by small groups of students and their masters devoted to *gensho* (i.e., books published in Holland, with the letters printed sideways). The despair when it was discovered that Dutch was not the lingua franca of the West is described by Yukichi Fukuzawa, one of the foremost modernizers of the Meiji era:

> One day I went to Yokohama for sightseeing. There was nothing of the town of Yokohama then—a few temporary dwellings had been erected here and there by the foreigners, and in these the pioneer merchants were living and showing their wares.
>
> To my chagrin, when I tried to speak with them, no one understood me at all.... I had been striving with all my might for many years to learn the Dutch language. And now when I had reason to believe myself one of the best in the country, I found that I could not even read the signs of merchants who had come to trade with us from foreign lands. All the students of Dutch were now facing the keen disappointment of finding out that Dutch was not a universal language.*

Not the least of the ironies Fukuzawa's shock brings to mind is that Japanese is now the major conduit of Eastern sensibilities to the West. (Among the Fifties, one sees the influences most clearly in the work of Bert Schierbeek.) A further irony: while Dutch sustained several generations of relatively freethinking Japanese, we who speak English have the scarcest interest in the national language that is closest to our own. The cultural indifference seems especially pronounced in the United States,

---

* *The Autobiography of Yukichi Fukuzawa*, Eiichi Kiyooka, trans. (New York: Columbia University Press, 1966), pp. 97, 98, 101.

despite tourism to the happy land of windmills and tulips, wooden shoes and cheese. It is extraordinary, then, that a school of *avant-garde* poets should arise in postwar Holland that exhibits so many affinities with the most radical American poetry of the time—with few direct influences discernible, since Dutch literary contact with the English-speaking world generally stops at the British Isles.

The Dutch Fiftiers' movement had its beginnings in the art world of postwar Amsterdam, among the painters who joined together in 1948 to form the Experimental Group Holland (De Experimentele Groep Holland), known internationally as Cobra *(COpenhagen-BRussels-Amsterdam)*. Its birth manifesto proclaimed in part: "A living art recognizes no distinction between the beautiful and the ugly because it doesn't draw up any aesthetic norms. The ugly which functioned as a supplement to the beautiful in the artistic production of the culture of the last centuries was a permanent indictment of the unnaturalness of this class community and its aesthetics based on virtuosity, a demonstration of the curbing, restrictive influence which these aesthetics exerted on the natural creative urge."

The emphasis was revolutionary, the complete overturning of received aesthetic, social, and intellectual standards, with a special stress on the very physicality of art. The young poets attracted to the group—all born between the two world wars and survivors of the Nazi Occupation—soon applied this attitude to their own literary art. Without subscribing to fixed goals, they sought to make (paraphrasing one of their number, Gerrit Kouwenaar) not so much a "new" poetry as an "other" poetry— and antipoetry, if you like. Or in the words of Lucebert, another of the Fiftiers, they wanted to write experiential poems, unfettered by form and subject matter, that explore "the space of complete living."

"The poetry of the 'Fiftiers,'" Kouwenaar wrote in 1953, "[has] virtually no precedent in the Dutch linguistic area, that is to say, no previous history rooted in tradition. It came upon the scene quite quickly and on a broad front, and despite rather stiff opposition still managed to be accepted rather fast.... However reasonable it seems in hindsight, it remains a mystery as to how a group of young poets that sprang up a few years after V-Day, each independent of one another and each going his own way, should have met on the broad delta and collectively put out to sea, or rather to have been driven there—as there was no way back."

The Fiftiers remain to this day the leaders of the Dutch literary *avant-garde*. Of all of them, Bert Schierbeek seems to me the most original in terms of the development of new form, at times—like John Cage—stretching it to disconcerting yet always recognizably humane limits. His tributary invocation of Charles Olson is merely a starting point.

Lucebert, with his continued association with the art world, is I think the most uncompromising of the poets. Hard-boiled, relentlessly experimental, his work is strongly reminiscent of the New York poets of the 1950s. In Gerrit Kouwenaar, Jan G. Elburg, and Remco Campert, I hear unexplained echoes of our Objectivist poets, politically as well as in their approach to the poem as a thing entire of itself. Hugo Claus, the only Fleming of the group, has moved the Fiftiers' concept of naturalness of expression to the shadowy, primordial recesses touched upon in the early work of Robert Duncan and Gary Snyder, and lately by a few postmodernists, while the prophetic anarchy of Sybren Polet finds correspondence in the angry satire of our Beats.

Here, then, is *Living Space,* a collection of "other" poetry from an "other," wholly unexpected place. For its preparation, I am deeply appreciative of the generous assistance given by the Foundation for the Promotion of the Translation of Dutch Literary Works and the efforts of its managing director, Joost de Wit, and his staff—Guy Vandeputte most particularly. Of the ten translators, I have worked directly with James S Holmes, André Lefevere, and Peter Nijmeijer, and their eagerness to see the book through proved indispensable and sustaining. Among the Fiftiers themselves, Gerrit Kouwenaar and Bert Schierbeek have had a special hand in the development of this anthology, and I recall my conversation with each of them with plain enjoyment. Above all, I thank my colleagues at New Directions for the interest, encouragement, and trust that were essential to the spirit which made this book.

—PETER GLASSGOLD

POSTSCRIPT (2005)

"America's long postwar cultural domination seems on the wane…" I find a certain melancholy in reading these words of mine from a quarter century ago. Since then, American pop culture has proved to be an incontestable dominant mass influence worldwide, spreading alongside a reemergent spirit of Manifest Destiny with a compulsion to export American-style capitalist democracy to a not entirely accepting world. The Fiftiers volume of the *PIP Anthology of World Poetry* will surely not bring America and its erstwhile friends or their very real enemies all to their senses, but, like the entire series itself, it is at least a small act of mediation and sanity in a world once again gone mad.

PG

A NOTE (2005)

Since Peter Glassgold's 1979 Introduction to his *Living Space* anthology—with its statement of being the "first major collection of Dutch poetry to appear in English"—there have been at least five other such anthologies, a couple of them incorporating poems published herein.*

All of these volumes have added to the English-language reader's understanding of what can now easily be perceived as major contributions of the Dutch to modern and contemporary poetry. But the attitudes surrounding this and other poetries in translation have not, alas, greatly altered since Glassgold's prescient and somewhat humorous recounting in his original introduction. One need only consider the continued attacks by some of the few remaining Yiddish writers against the contributions of the internationally beloved Isaac B. Singer, or the ridiculous claim in *The New York Times Book Review* that American poetry has taken a more "isolationist" position** of the American colloquialist Robert Frost as against the more international perspectives of Ezra Pound*** to remind one of the cultural self-disdain of the young Dutch student with whom Glassgold spoke in 1977.

Moreover, Dutch poetry, I am afraid, has not made great inroads upon the consciousness of English-language readers. As I write this, I just got off the telephone with one of the most noted of contemporary American poets, a writer highly interested in international poetics, who, when I told him what I was writing, admitted that he had never before heard even one name of the Dutch Fifties included in this volume. Through Charles McGeehan's tireless efforts, there are some sophisticated

---

*The most notable of these anthologies is *Dutch Interior: Postwar Poetry of the Netherlands and Flanders,* edited by James S Holmes and William J. Smith and published by Columbia University Press five years after *Living Space.* Two years earlier, in 1982, City Lights published *Nine Dutch Poets.* In 1988 the Australian literary journal *Post-Neo* published, in a staple-bound, Xeroxed book, *Naked Poetry: Dutch Poetry in Translation,* edited and translated by Cornelis Vleeskens. In 1997 *Modern Poetry in Translation* devoted its 12th issue to Dutch and Flemish writers, including some work of the Fifties. Princeton University Press published *Landscape with Rowers: Poetry from the Netherlands,* translated and introduced by J. M. Coetzee, in 2003.

**One should recall Frost's neighbor's line from "Mending Wall": "Good fences make good neighbors."

***In a review of the Library of America's edition of Pound's *Poems and Translations* (February 1, 2004) reviewer David Gates wrote: "Compared with equivalent stretches of ground-clearing and throat-clearing by Frost or Yeats, little [of Pound's poetry] remains readable. This is partly because, thanks to the modernist emphasis on subjective experience, poetry has largely come to mean their sort of post-Romantic personal lyric."

readers who may know the writing of Bert Schierbeek, and, through his fiction, a number of English-language readers may know of the Flemish writer Hugo Claus; but very few readers in this country, Canada, Britian, Australia, or New Zealand know of the astoundingly rich poetic output of Lucebert, let alone have ever heard of Remco Campert, Jan G. Elburg, Gerrit Kouwenaar, Sybren Polet, or Simon Vinkenoog. Most of these writers are not even mentioned in the encyclopedic American reference books such as *Contemporary Poets* or the *Encyclopedia of World Literature.* The globalism which most countries are portrayed today as having embraced seems to exclude poetry and—by extension—most languages other than English.

And even here, in a country devoted to its own global priorities and the power they seem to evoke, one can only admit that we share the same self-defensive dismissal of our language as the young Dutch physics student encountered by Glassgold. At least he knew who the Dutch Fiftiers *were*—they were poets! and therefore of little interest to him. I suggest that one would have to ask several hundred students aboard any Amtrak train before anyone could identify Charles Bernstein or Lyn Hejinian, for example, as poets!—which, given the 25 years since their original publications, puts them in a position quite similar to that of the Dutch Fiftiers in 1977.

Within this context it seems almost ludicrous to republish—let alone to expand and add to the original Dutch poems—a book such as *Living Space.* To me, however, it is an act of faith, an almost Kierkegaard-like leap into belief that there are readers out there, like myself, who will come across such a book and discover in it, as I did in the late 1980s, a whole new world of possibilities, comprehending, as Gerrit Kouwenaar has expressed it, that in art there are choices:

> this is not beautiful
> this is not unreadable
> this is not for children
>
> this is no secret language
> this doesn't elevate the people
>
> this is the inside
> of your outside door, this you must
> recognize: your hand
> grown to the latch

I propose to open the door, discovering what is there, outside of oneself!

Unlike Peter Glassgold, I did not have the opportunity to meet with any of the Dutch poets included in this volume. Three of them, Jan G. Elburg, Lucebert, and Bert Schierbeek, died in the 1990s. Moreover, since most of the translations in this expanded volume preexisted, I did not get to work directly with the numerous translators involved. I did, however, correspond with the great Dutch translator Peter Nijmeijer, the indefatigable Scott Rollins, and Cornelis Vleeskens, all of whom were helpful and the latter of whom was particularly kind to suggest that I include the poetry of Simon Vinkenoog, whom he had translated. All the translators, moreover, must once again be thanked for their important contributions to our understanding of Dutch poetry and, for those still living, their eagerness to share their work.

Peter Glassgold, a long time friend and an editorial mentor, was a pleasure to work with and shared with me his own personal files of the original publication. In the Netherlands, Hayo Deinum, foreign rights editor for De Bezige Bij, and Floortje Jansen of Querido were extremely helpful in tracking down the Dutch originals of the poems I had selected and in attaining permissions to reprint the Dutch. This book would not be possible were it not for the efforts of these editors and their publishing houses.

My senior editor, Diana Daves, is always a joy to work with, and saves me from egregious errors that such volumes are prone to contain. Kim Silva is a wonder as a designer and typesetter; no such volume would be possible without her achievements.

Charles Bernstein and Paul Vangelisti both helped with various aspects of research for my introductory response.

Finally, I would like to thank New Directions, Columbia University Press, City Lights, *Post-Neo,* and *Modern Poetry in Translation* for their permission to reprint the poems that make up this volume of the *PIP Anthology of World Poetry.*

—DOUGLAS MESSERLI

Remco Campert

Remco Campert [Netherlands]
1929

Remco Campert has been the least inclined of the Fiftiers to lend himself to spectacular experimental expression: all his writing displays his characteristic resentment of pomposity and profundity. This has led him generally to wrap the serious, even angry nucleus of his work in easily absorbable, seemingly carefree language. Campert couples a talent for registering the most minute changes in the life around him with an obstinate integrity, a refusal to be led astray by any illusion whatsoever, which has manifested itself in a noticeable development toward great and greater directness and economy.

photo NICO NAEFF

Born in the Hague in 1929, Campert's youth was spent—as translator James Brockway has expressed it—"amid the wreckage of war and enemy occupation, a physical and mental landscape reflected in the mood—a subdued, laconic anger—of his poetry...." Campert began by publishing broadsides, until he was accepted by the De Bezige Bij (Busy Bee) publishing house, a press that grew up as an underground organ of the Dutch Resistance.

Campert has published over fifteen volumes of poetry, and has also written numerous short stories and works for the theater. His novels include *Het leven is verrukkulluk* (1962, Life Is Lovely), a book still popular in the Netherlands, and, in English translation, *No Holds Barred* (1963) and *The Gangster Girl* (1968). He has also translated numerous books, including the French novel *Zazie dans le Métro* by Raymond Queneau. In 1979 he was awarded the Dutch State Prize for Literature.

BOOKS OF POETRY

Vierendelen (Amsterdam: De Bezige Bij, 1951); *Vogels vliegen toch* (Amsterdam: De Bezige Bij, 1951); *Een standbeeld opwinden* (Amsterdam: De Bezige Bij, 1952); *Berchtesgaden* (Amsterdam: De Bezige Bij, 1953); *Met man en muis* (Amsterdam: De Bezige Bij, 1955); *Het huis waarin ik woonde* (Amsterdam: De Bezige Bij, 1955); *Bij hoog en bij laag* (Amsterdam: De Bezige Bij, 1959); *Dit gebeurde overal* (Amsterdam: De Bezige Bij, 1962); *Hoera, hoera* (Amsterdam: De Bezige Bij, 1965); *Mijn leven's liederen* (Amsterdam: De Bezige Bij, 1968); *Betere tijden* (Amsterdam: De Bezige Bij, 1970); *Alle bundels gedichten* (Amsterdam: De Bezige Bij, 1976); *Theater* (Amsterdam: De Bezige Bij, 1979); *Collega's* (Amsterdam: De Bezige Bij, 1986); *Rechterschoenen* (Amsterdam: De Bezige Bij, 1992); *Staatfotografie* (Amsterdam: De Bezige Bij, 1994); *Verspreide gedichten: 1950-1994* (Amsterdam: De Bezige Bij, 1994); *Dichter* (Amsterdam: De Bezige Bij, 1995)

ENGLISH LANGUAGE TRANSLATIONS

In the Year of the Strike, translated by John Scott and Graham Martin (London: Rapp & Whiting, 1968/Chicago: Swallow Press, 1968); *This Happened Everywhere: The Selected Poems of Remco Campert,* trans. by Manfred Wolf (San Francisco: Androgyne Books, 1997)

Stel voor…

Stel voor: we waren ingesneeuwd
Voedsel raakte langzamerhand op
Radio was defect, schoenen lek
Notitieboekjes vol herinneringen
Verstookten we tot schrale warmte

En de vlag die we ergens
Hadden moeten planten gebruikten
We als dek natuurlijk. Er was
Eigenlijk absoluut geen hoop meer
Zelfs geen hoop op hoop. Toch

Ik was niet ongelukkig omdat
De dood gepaard ging met
Zoveel betuigingen van liefde
Van jou aan mij, mij aan jou
Dat ik aan ongelukkig zijn

Gewoon niet toekwarm. Tijd
Ontbrak daarvoor. Er waren altijd
Wel borsten te kussen, ogen
Te onthullen en als we moe waren
Sliepend we in en droomden van

President Roosevelt.

(from *Het huis waarin ik woonde*, 1955)

Imagine

Imagine: we were snowed in.
We were running out of food,
radio was out of order, shoes split,
we stoked the fire with notebooks
filled with memories to gain bleak heat

and the flag, that we ought to have
planted somewhere, we used
for a blanket of course. There was
absolutely no hope left at all,
not even hope for hope. Yet

I was not unhappy, because
death went hand in hand with
so many declarations of love
from you to me, me to you,
that I never got around to

unhappy feelings. There
was no time. There would always be
breasts to kiss, eyes
to reveal and the times we were tired
we fell asleep and dreamed about

President Roosevelt.

—Translated from the Dutch by Greta Kilburn

Poëzie is een daad…

Poëzie is een daad
van bevestiging. Ik bevestig
dat ik leef, dat ik niet alleen leef.

Poëzie is een toekomst, denken
aan volgende week, aan een ander land,
aan jou als je oud bent.

Poëzie is mijn adem, beweegt
mijn voeten, aarzelend soms,
over de aarde die daarom vraagt.

Voltaire had pokken, maar
genas zichzelf door o.a. te drinken
120 liter lemonade: dat is poëzie.

Of neem de branding. Stukgeslagen
op de rotsen is zij niet werkelijk verslagen,
maar herneemt zich en is daarin poëzie.

Elk word dat wordt geschreven
is een aanslag op de ouderdom.
Ten slotte wint de dood, jazeker,

maar de dood is slechts de stilte in de zaal
nadat het laatste word geklonken heft.
De dood is een ontroering.

(from *Het huis waarin ik woonde*, 1955)

Poetry Is an Act...

Poetry is an act
of affirmation. I affirm
I live, I do not live alone.

Poetry is a future, thinking
of next week, of another country,
of you grown old.

Poetry is breath, moving
my feet, sometimes with hesitation
over the demanding earth.

Voltaire had a pox, but
cured himself by drinking 200 pints
of lemonade amongst other things: and that's poetry.

Or take the surf. Beaten to bits
on the rocks but not beaten,
resumes the assault and thus is poetry.

Each written word
is an onslaught upon old age.
Death wins at last, for sure,

but death is merely the silence in the theater
when the last word is spoken.
Death is an emotion.

      —Translated from the Dutch by John Scott
        and Graham Martin

Musici

Op het Muiderpoortstation
zag ik veertien violisten staan
's nachts om twaalf uur. Het waren
kleine bultenaren, een schat van klanken
verbergend onder de verschoten vergankelijkheid
van hun regenjas.

De bliksem van een late tram
verlichtte hun gezichten die onophoudelijk
vertrokken van de lach.
Uit die lach
die al gelang hun aard
schaterde of grommelde
kwamen regelmatig woorden opgeborreld
simpeler dan ik ze hier kan schrijven.

Er was een Engelsman onder.
Ik schatte hem op Liverpool
maar met een wereld van geluid
in zijn viool.
Hij lachte minder sprak ernstiger
over komende tournees
gemaakte kosten
dike dames die hij had gezien
taxi's die te langzaam reden
en zijn nichtje
de ravenzwartharige, de bleekwangige:
een romantische foto van reverend Dodgson
want zo was zij geweest
een kleine Alice die later
het manuscript van haar wonderland
zou verkopen voor veel geld en tranen
een vrouw dus nu
die wist van de visprijs
de houdbaarheid van nylons
de harde buik van mannen
en triestheid als regen.

Musicians

At Muiderpoort Station
I saw fourteen violinists
at twelve o'clock at night. They were
little hunchbacks, hiding a treasure
of sound beneath the faded transcience
of their raincoats.

The lightning of a late streetcar
lit up their faces which ceaselessly
twisted with laughter.
From this laughter
which according to character
might roar or rumble
words kept bubbling to the top
simpler than I can write them down here.

There was an Englishman among them.
I figured him from Liverpool
but with a world of sound
in his violin.
He laughed less spoke more gravely
about future road trips
expenses made
fat ladies whom he had seen
taxis that drove too slowly
and his niece
the ravenblackhaired, the palecheeked:
a romantic Reverend Dodgson picture
for that was how she used to be
a tiny Alice who was to sell
the manuscript of her wonderland
for lots of money and tears
so a woman now
who knew the price of fish
the staying power of nylons
the hard belly of men
and sadness as rain.

Vanaf het perron
waar wij allen stonden
met muziek steeds zwevend op de achtergrond
en ook het gedroomde gedender
van treinen die spoedig moesten komen
zagen wij
in onwezenlijk licht van spiritisische foto's
groepen nooit tot leven gewekte huizen
arbeiderswoningen uit omstreeks 1920.
Toen al lag het op papier
zo schone proletariaat
te sterven aan kleedjes op de schoorsteen
vazen op de kleedjes
geen bloemen in de vazen
en spoedig daarna kwam de eigen omroep
wat met zich meebracht een glanzen bruine kast
op een tafelje
Peter Pech
en de dichters dood.

Het was nacht en twaalf uur.
De violisten zongen door hun drentelen en praten heen.
Hun instrumenten
bewogen als aangehaalde katten
in de zwarte koffers.
Sleutels in noten bevrijdder zich
van het papier en sprongen
o Nijinsky in de lucht.
De violisten deden alsof zij het niet merkten
en roezemoesden door
maar ik zag de koffers zich ontsluiten
en de noten zochten hun snaren op
de musici wierpen er tersluikse blikken naar
ogen vol vreugde

en muziek
als struiken in wilde tuinen
als oren genezen na nachtenslang slapen
als een stad van le Corbusier

From the platform
where we stood together
with music that kept floating in the background
and also the dreamed thunder
of trains which ought to come shortly
we saw
in surreal light of spiritualist pictures
groups of houses never called to life
workman's housing from circa 1920.
Even then the proletariat
so beautiful on paper
lay dying of doilies on the mantelpiece
vases on the doilies
no flowers in the vases
and shortly afterward the private broadcast came
leading to a shiny brown cabinet
on a side table
Simple Simon
and the poet's death.

It was night and twelve o'clock.
The violinists sang right through their
      ambling and talking.
Their instruments
moved like caressed cats
in the black cases.
Clefs and notes freed themselves
from the paper and jumped
o Nijinsky into the air.
The violinists pretended they didn't notice
and continued to buzz
but I saw the cases unlock themselves
and the notes sought out their strings
the musicians watched from the corner of their eyes
eyes full of joy

and music
like shrubs in unkempt gardens
like ears healed after nights of sleep
like a town by Le Corbusier

en een vat vol eigengemaakte cognac
golfed in onze oren
en overstemde

het binnenkomen van de trein
het issen en stampen
slaan van deuren
ritselende kranten
en van lucifers het ontbranden.

Veertien violisten
's nachts om twaalf uur
op het Muiderpoortstation.

(from *Met man en muis,* 1955)

Mussen

Ik,
nee, het was Caligula, dik,
halfkaal en 29
(herinner je die winter),
stierf
eerloos, huisbakken,
in de duistere gang van een theater
onder de fluisterende hand van een sluipmoordenaar.

Caligula (soldatenlaarsjes, eens
vrolijk, verkwistend, humaan),
niet in de klauwen van een beest,
noch binnen de dijen van zijn zuster
'dit leek hem een voortreffelijke Egyptische gewoonte',
doch zonder luister
in de duistere gang van een theater.

and a cask full of homemade brandy
surged in our ears
and drowned

the arrival of the train
the hissing and stamping
banging of doors
rustling newspapers
and of matches the lighting.

Fourteen violinists
at twelve o'clock at night
at Muiderpoort Station.

> *—Translated from the Dutch by Gerta Kilburn*

Sparrows

I,
no, it was Caligula, fat,
half bald and 29
(you remember that winter),
died
a dishonorable, prosaic death
in the darkened entrance to a theater
at the whispering hands of an assassin.

Caligula (jackboots, once
jovial, prodigal, human),
not in the claws of a beast,
but between the thighs of his sister
"which seemed to him an excellent Egyptian custom,"
but no luster
in the darkened entrance to a theater.

Maar waar praat ik over? Over
het vergane kraakbeen
van wie maar een mus bleek te zijn,
eend dunne schedel, geen god, geen goudenregen,
kaal als mensen,
als mussen, als mussen
en mensen. Tot stof verpulverd
onder de doffe hand van het belachelijke leven.

(from *Bij hoog en bij lag*, 1959)

Het was in het jaar van de staking

Het was in het jaar van de staking.
De stad lag als een blootgewoelde zieke
in het landschap.
Koortsdromen van vogels waren al eerder
naar het zuiden gevlogen.
Nu sloegen de straten uit van mensen.
Ze hadden honger, en meer: ze hadden genoeg
van oorlog.
Hun leiders zwaaiden leuzen
en wij,
wij bedreven liefde aan elkaar.

Het was in het jaar van de staking,
de strijd met stenen om brood,
dat we liefhadden en liepen
door het eertijds prinselijke park
en zaten onder verleden beelden,
grifs als de winter, die—een duif—
ontsnapt was aan de korf van de kalender
en kroop in onze kleren,
op zoek naar het voorjaar van een liefde,
die geurde op onze huid.

Het was in het jaar van de staking.
De stad gistte als bier.

But what am I talking about? About
the bygone gristle
of someone who, it turned out, was a sparrow,
thin skull, no god, no golden rain,
naked as men,
as sparrows, as sparrows
and men. Done to dust
at the shabby hands of the ludicrous world.

> —*Translated from the Dutch by John Scott*
> *and Graham Martin*

It Was the Year of the Strike

It was in the year of the strike.
The city lay, a patient stripped of coverings,
in the landscape.
Fever dreams of birds long flown south.
Now the streets exploded with people.
They were hungry, and worse: they'd had enough
of war.
Their leaders wave slogans
and we,
we committed love with each other.

It was in the year of the strike,
the struggle with stones for bread,
that we loved and ran
through the one-time princely park
and sat beneath embarrassed statues,
gray as the winter, a pigeon
escaped from the season's basket
to creep under our clothes,
in search of the spring scent
of love on our flesh.

It was in the year of the strike.
The city fermented like beer.

De heuvels waren vol aandacht
voor dieren en mensen als immer.
De mensen liepen als tranen
door de straten.
De stad rimpelde zijn voorhoofd,
bewoog de spieren van zijn kaken.
De kerken wankelden.
De mensen wilden eten en aardse vrede.

Het was in het jaar van de staking.
We woonden in de koudste kamer van de stad;
ik schreef geen brieven aan de lezer,
ik verkocht mijn schrijfmachine
en hongerde naar de hand van je liefde,
die vol sociaal besef
niet op zich wachten liet.
We goochelden met onze oren.
Het behang applaudisserde met scheuren.
De koudste kamer was een warm theater.

Het was in het jaar van de staking.
Je ogen kuste ik tot Japanse schelpen,
je buik een holte van konijn.
Ik zette een hoge hoed op
—de tovenaar, de bruid.
De deur zuchtte van verbazing
en ik boog dankbaar.
Met een enkel handgebaar
liet ik je borsten vuurspuwen,
warm trillend.
De tafel sloot zijn ogen,
vierkante Calvinist.

Het was in het jaar van de staking.
Werkers liepen door de wijken, onrustig.
Moeders met kinderen aan hun schort
klapten de huishoudboekjes dicht, wanhopig.
Er werd met scherp geschoten.
Een zoon stierf.

The hills paid their usual
attention to man and beast.
People ran like tears
through the streets.
The city scowled,
worked its jaw muscles.
The churches tottered.
The people wanted food and peace on earth.

It was in the year of the strike.
We lived in the coldest room in the city;
I wrote no letters to the reader,
I sold my typewriter
and hungered for the hand of your love,
and full of social sense
it didn't keep me waiting.
We juggled with our ears.
The wallpaper gave torn applause.
The coldest room was a warm theater.

It was in the year of the strike.
I kissed your eyes into Japanese scallops,
your belly to a rabbit's burrow.
I donned a top hat
—the conjurer, the bride.
The door sighed with amazement
and I bowed gratefully.
At one wave of my hand
your breast spat fire,
warm, shivering.
The table shut its eyes,
square Calvinist.

It was in the year of the strike.
Restlessly workers trod the streets.
Mothers with children at their knees
slammed shut their cashbooks in despair.
Live bullets were fired.
A son died.

De minister van volkshuisvesting opende een
    bankgebouw.
Dichters werden journalist.
In Tunis sprong een spoorbrug.
Het Westen weifelde, dat is haar taak.

Het was in het jaar van de staking.
We hadden makkelijk lief.
We waren vol realiteit van de opperhuid,
ik, medicus met microscoop,
meer liefde voor mijn vak den kennis,
jij, het levend voorbeeld in het vakboek,
levende spieren, knellend,
levende mond, die als wijsbegeerte,
alles levend, tot op de geboortedatum
in je paspoort.

Het was in het jaar van de staking
in de koudste kamer van de stad,
·dat we liefhadden
en om ons heed de mensen
brood en vrede vroegen, een voedingsbodem
voor spleen en liefde.

Het was in het jaar van de staking,
in de eeuw van de staking.

Men moet er
toch consequenties uit trekken.

(from *Bij hoog en bij laag,* 1959)

The minister of housing opened a new bank.
Poets turned into journalists.
In Tunis a bridge was blown up.
The West wavered, true to its office.

It was in the year of the strike.
Love came easy to us.
We were full of surface reality.
I, a doctor with a microscope,
for my work more love than knowledge,
you, the living example in the textbook,
living sinew, tightening,
living mouth, like philosophy,
all living, even the date of birth
in your passport.

It was in the year of the strike
in the coldest room in the city
that we loved
and around us the people
demanding bread and peace, a breeding ground
for play and love.

It was in the year of the strike,
in the age of the strike.

The consequences still
are with us.

> —*Translated from the Dutch by John Scott and
>   Graham Martin*

Niet te geloven

Niet te geloven
dat ik knapp nog
een vers schreef over de
zilverwitheid van een berkestam

en om mij heen
grootse dronkenschap
van de bevrijding:
het water was whisky geworden.

Alles zoop en naaide,
heel Europa was één groot matras
en de hemel het plafond
van een derderangshotel.

En ik bedeesde jongeling
moest nodig
de reine berk bezingen
en zijn bescheiden bladerpracht.

(from *Dit gebeurde overal,* 1962)

Hoera, hoera

Er zijn zeeën, er zijn bergen
hoera.
Er zijn automaten met fantastische flippers
en met hele slappe.
Hoera, hoera.
Dit is Zd. Fr. in de winter,
brief uit Menton.

Unbelievable

Unbelievable
that when I was a boy
I wrote a poem about
the silver whiteness of a birch tree

and all about me
the grand spree of
Liberation:
water turned into whisky.

Everybody boozed and fucked,
all Europe was one big mattress
and the sky the ceiling
of a third-rate hotel.

And I timid youth simply had to
sing the pure birch
and the modest beauty
of its leafage.

—Translated from the Dutch by James S Holmes

Hurrah, hurrah

There are seas, there are mountains
hurrah.
There are slot machines with fantastic flippers
and with very slack ones.
Hurrah, hurrah.
This is the south of France in midwinter,
letter from Menton.

Beste Gerrit, het stikt hier van de oude mensen
hoera.
Ze rijden rond in ontzaglijk dure automobielen
hinkelen langs de zee
doen kunstjes voor hun honden
nemen hun tanden uit hun mond en kakelan ermee
dragen gasmaskers uit 14/18
tegen de winterzon
en de zeewind, die soms aan hun leren petten rukt
en hen hoog wegvoert, hoera.
Ze scheppen veel plezier in hun sterven,
moet ik voor hen onderdoen?
Dood ga ik toch wel

maar waarom het te verhaasten?

(from *Hoera, hoera*, 1965)

Oude mensen in Zuid-Frankrijk

In stilstaande auto's wachten ze op de dood
een krant voor hun gezicht gevouwen

aan restauranttafels, het eten op
boerend over altijd dezelfde rekening

op een bank onder het beeld van Queen Victoria
of le Roi Albert, te oud om weg te dromen

hun kaak is hen zo zwaar
dat hun mond ervan blijft openstaan

wat was hun leven?
willen we svp hun kleinkinderen zien?

ze voerden bevel in vele landen, Afrika, China
en wat is ervan gebleven?

Dear Gerrit, it's crammed here with old people
hurrah.
They drive about in immensely expensive automobiles
hop along the seaside
perform tricks for their dogs
take their teeth out of the mouths and chatter with them
wear gas masks from 14/18
against the winter sun
and the sea wind which sometimes pulls at their leather caps
and carries them off up high, hurrah.
They take a lot of pleasure in their dying,
should I give way to them?
I'll die anyway

but why hurry?

—Translated from the Dutch by Peter Nijmeijer

The Old in the South of France

They wait for death in parked cars
a newspaper folded over their faces

burp on their food over tables in restaurants
and the bill always the same

on a bench under the statue of Queen Victoria
or le Roi Albert, too old to dream away

their jaws are so heavy for them
that their mouths stay open

what have their lives been like?
do we want to see their grandchildren please?

they have been in command in many countries, Africa, China
and what is left of it?

een kleine rente, een beeldje op de schoorsteen
de kleur van kerry in hun vel

toch zal het ook ons zo vergaan
vergeet 't niet, daar helpt geen lieve minnaar aan

(from *Hoera, hoera*, 1965)

Voor me opgebeld

Ik neem de horn van de haak
zeg mijn naam
het is aan het eind van een middag
en hoor iemand snikken—
dan wordt er opgehangen.

Lieve god wat nu? en vooral
wie kan het zijn? wie
belt me op om in mijn oor te snikken?
Onrustig drentel ik door de kamer.

Later, bedaard, mijn mond vol vlees
lekker scherp mes in mijn hand
denk ik:

dat gaat anders, dacht ik, in de zestiger jaren.
Het zal wel iets met liefde te maken hebben gehad
of met een groot verdiet
of met een combinatie van die beiden
maar dan zijn ze bij mij
aan het verkeerde adres.

(Bel nog eens
en probeer dan niet te huilen.)

(from *Hoera, hoera*, 1965)

a small pension, a little statue on the mantelpiece
the color of curry on their skin

and that's how it will be for us too,
don't forget, it can't be helped.

—*Translated from the Dutch by André Lefevere*

A Call for Me

I take the phone off the hook
give my name
it's late afternoon
and hear somebody sobbing—
then they hang up.

Good god what now? and above all
who can it be? who
would phone me up to sob in my ear?
Restlessly I wander about the room.

Later on, calmer, mouth full of meat
a nice sharp knife in my hand
I think:

And to think I thought the sixties would be different.
It must be something to do with love
or some great sorrow
or a combination of both
but either way
mine's the wrong number.

(Ring up again
and please try not to cry.)

—*Translated from the Dutch by John Scott and
    Graham Martin*

from Gemompel

Vannacht
toen het zo glad was
gleed op straat mijn moeder uit en
brak haar pols

voor het eerst
zie ze verbaasd
in vierenzestig jaar
dat ik iets breek
wel
eens moest het gebeuren

naast haar in de taxi
op weg naar het ziekenhuis
hoorde ik
hoe ze plotseling begon te spreken
over haar dode vrienden

met hier en daar een word
raak ik haar nu troostend aan

(from *Mijn leven's liederen,* 1968)

Een vlag op een machinerie

Een vlag op een machinerie
notabelen juichen
de koningin opent de aarde

Ik zit naast je in de bioscoopzaal
een hand op je dij
we zeggen niet veel
dat is niet nodig

from Gemompel

Last night
when it was so cold
my mother slipped on the street and
broke her wrist

I've never broken
anything
in sixty-four years
she said, astonished,
well,
always a first time

next to her in the taxi
on the way to the hospital
I heard
how she suddenly began to speak
of her dead friends

I touch her
a word here and there
comforting.

—Translated from the Dutch by André Lefevere

A Flag on a Device

A flag on a device
dignitaries cheer
the queen opens the carth

I sit beside you in the movies
a hand on your thigh
we hardly speak
it isn't necessary

In de hoofdfilm vloeit bloed
en ik voel je verontwaardiging
je duwt mijn hand weg
ik zeg het is maar een spel
maak een grap over een lijk
maar het helpt niet

Buiten maken we kort ruzie
alsof ik die film gemaakt zou hebben!
wat ik touwens best zou willen!
ik trek me terug in Paterson
o wanneer schrijf ik ooit het gedicht
dat heel de aarde omvatten zal!

Ik vergrijp me aan je in je slaap
wat droom je nu?
we zijn ver van elkaar
en toch zo dichtbij
Ga nu maar kreunen alsjeblieft
en zeg mijn naam
en onthou:
bloed is ketchup

(from *Betere tijden*, 1970)

Iemand stelt de vraag

1

Het was een geweldig feest
er stierven drie mensen
een van ouderdom
een door alcohol
een omdat hij vocht met de slang.

O maar er werd gezongen
gedanst en gedronken!

Blood flows in the main feature
and I feel your indignation
you push my hand away
I say it is just a game
make a joke about a corpse
but it doesn't help

Outside we briefly argue
as if I would have made that film!
though I wouldn't mind it at all!
I withdraw into Paterson
oh when shall I ever write the poem
that will encompass the entire earth!

I grab at you in your sleep
what are you dreaming now?
we are so far from each other
and yet so near
Go on and groan if you want
And say my name
And remember:
blood is ketchup

—*Translated from the Dutch by Greta Kilburn*

Someone Poses the Question

1

It was a tremendous celebration;
three people died,
one of old age,
one of alcohol,
one because he struggled with the serpent.

Oh, but there was singing,
dancing and drinking!

De pijp ging rond en de pruim
oude verhalen warden nieuw
opa's stonden in hoog aanzien
die zeiden dat det zo altijd was geweest
en altijd zo zou blijven
en de kinderen bleven erbij
tot ze niet meer konden.
O maar er werd gedanst
en gevrijd bij het leven
een dag een nacht en een dag!

Tot het zout op was
de kruiken leeg
en de schelpen door de kroegbaas
weer afgepakt
toen wankelden ze lachend de berghelling op
sliepen hun roes uit in het lange gras
een nacht en een lange dag.

Terwijl ze sliepen
redden
belanden met het werk van hun handen
in kratten en balen verpakt
in bewaakte colonnes
de vrachtwagens naar de stad

de stad van de banken en congressen
de stad van de krotten en open riolen
de stad van de mooie dames met chauffeur
de stad van de hoeren voor een knaak
de stad waar iedereen verdient het zout in de pap
iedeeren die een vinger in de pap heeft
de stad waar de altijd van droomden
de stad die ze nooit zouden zien.

The pipe went around and tobacco;
old stories became new;
grandpas who were highly respected
said that it was always like this
and always would be;
and the children stayed up
till they just couldn't anymore.
Oh, but there was dancing
and lovemaking
a whole day and night and day!

Till the salt was gone,
the mugs drained,
and the shells taken away
by the barkeeper;
then they staggered laughing up the hillside,
slept off their drunkenness in the tall grass
a night and a long day.

While they were sleeping
the trucks drove
loaded with the work of their hands
packed in crates and bales,
in guarded columns
to the city;

the city of banks and congresses,
the city of slums and open sewers,
the city of beautiful ladies with chauffeurs,
the city of whores for a buck,
the city where everyone earns the crust on the pie,
everyone who has a finger in the pie,
the city they always dreamed of,
the city they would never see.

2

Verzet begint niet met grote woorden
maar met kleine daden

zoals storm met zacht geritsel in de tuin
of de kat die de kolder in z'n kop krijgt

zoals brede rivieren
met een kleine bron
verscholen in het woud

zoals een vuurzee
met dezelfde lucifer
die de sigaret aansteekt

zoals liefde met een blik
een aanraking iets dat je opvalt in een stem

jezelf een vraag stellen
daarmee begint verzet

en dan die vraag aan een ander stellen.

3

Iemand weigert de schelp
iemand houdt op met dansen
iemand smijt de kroegbaas de kruik in 't gezicht
iemand zegt opa de pest me je oude verhalen
iemand wil het alphabet leren

iemand pakt de opzichter z'n zweep af
iemand steelt een geweer
iemand zegt dit is mijn grond
iemand staat zijn dochter niet af aan de landheer
iemand antwoordt niet met twee woorden

2

Resistance doesn't begin with big words
but with small deeds,

like a storm with soft rustling in the garden
or a cat with mischief in its head,

like wide rivers
with a tiny source
hidden in the forest,

like a fire storm
with the same match
that lights a cigarette,

like love with a look,
a touch, something you notice in a voice.

Asking yourself a question,
that's how resistance begins—

and then asking another that question.

3

Someone refuses the shell,
someone stops dancing,
someone throws the mug into the barkeeper's face,
someone says, Grandpa to hell with your old stories,
someone wants to learn how to read,

someone grabs the whip from the overseer,
someone steals a gun,
someone says, This is my land,
someone doesn't yield his daughter to the lord,
someone doesn't answer with two words,

iemand houdt zijn graan verborgen
iemand viert geen feest als de vrachtwagens komen
iemand spuugt op de grond als hij de soldaten ziet
iemand snijdt de banden door
iemand verschuilt zich in het woud

iemand droomt niet meer
iemand richt zich op
iemand is voor altijd wakker
iemand stelt de vraag
iemand verzet zich

en dan nog iemand
en nog iemand
en nog.

(from *Betere tijden,* 1970)

Vallen

1

In de lange val der herinnering
zoek ik het essentiële moment.
Boven wordt onder
en de aarde komt wiegend boven.

2

Tja, de roede zat los
ik viel van de trap in mijn grootvaders huis.
Ik val nog steeds
het is een heerlijk gevoel.
Al die dingen gebeuren en zijn
netjes geordend schreef iemand
luchtjaren geleden gulden regels
voor mijn 20ste verjaardag.

someone hides his grain,
someone doesn't celebrate when the trucks come,
someone spits on the ground when he sees the soldiers,
someone slashes the tires,
someone hides in the forest,
someone dreams no more,
someone stands up,
someone is forever awake,
someone poses the question,
someone resists,

and then someone else
and then someone,
and then

      —Translated from the Dutch by Manfred Wolf

Falling

1

In memory's long fall
I seek the essential moment.
Above becomes beneath
and the earth comes swinging up.

2

Hm, a loose carpet-rod—
I fell down the stairs in my grandfather's house.
I'm still falling:
it feels great.
All these things come to pass and are
rightly ordained, wrote someone,
light-years ago, golden rules
for my twentieth birthday.

Ik zou spoedig trouwen maaar goede help
was duur: mijn val was al begonnen.
Ik beklaag me niet
nooit gedaan o nee…
En alles is geordend
niet te stuiten de rivier
die zeewaarts haar verdronkenen stuwt
of het leeggebrande vliegtuig
dat dwarrelt naar de versgeploegde akker.
De son doorloopt de hemel
de aarde beeft van leven
ook mijn val heft wel een plaats daarin.

(from *Dit gebeurde overal*, 1962)

Brieven

Die moet ik nog schrijven, en die
dat ik gezond ben
dat ik gisteren drunken was in een Grieks café
daarna en een Turks café in een Noors

dat ik me instel op een hoge
zeer hoge gasrekening
en andere dingen aan anderen
grasduinen in een steeds onverklaarbaarder wereld.

Dat iemand zei
gij Hollanders ge zijt allemaal hetzelfde
terwijl ik toch had betaald
en een Franse bril op had
en een Duitse gedichtenbundel op zak
en thuis op mijn tafel
Anne Sextons onovertretbare gedicht
'wanting to die'.

En luister hoe ik de stoppen vernieuwde

I was to be married soon, but good help
was dear: my fall had already started.
I didn't blame myself—
never have, O no…
And everything is ordained:
don't swim against the current
bearing seawards its drowned ones
or the burn-out plane
spinning down to the fresh ploughed field.
The sun traverses the sky,
the earth shudders with life—
and there too my fall has its place.

> —*Translated from the Dutch by John Scott and*
> *Graham Martin*

Letters

I should write him and him
that I'm in good health
that I was drunk last night in a Greek café
after that in a Turkish café, a Norwegian café

that I am preparing myself
for an extravagantly high gas bill
and other things to others—
browsing in an ever more inexplicable world.

that someone said:
you Dutchmen, you're all the same
even though I had picked up the check
and was wearing a French pair of glasses
and what's more had a book of German poems in my pocket
and at home on the table
Anne Sexton's inimitable poem
"wanting to die."

and listen how I put in new fuses

en het licht opens weer brandde
en zij op de bank lag te slapen
onder de blauwe deken.

Aan deze en gene moet ik schrijven
dat ik het niet doe
dat ik weiger
dat ik ga procederen
dat de dagen hier in regen verslijten
en de wereld nooit groter is dan een stad
dan ik in die stad
mijn voeten op die stenen
en wat ik zie als ik knipper met mijn ogen
en ik moet vragen hoe het gaat
of het huis al gebouwd is
het stuk goed vertaald
of de kinderen voorspoedig groeien
en de vrouwen niet al te ongelukkig zijn.

(from *Mijn leven's liederen*, 1968)

Rokerssymfonie

1

Een keer vergat hij uit te ademen.
Na verloop van tijd besefte hij
dat hij niet meer hoefde in te ademen.
Wat er toen gebeurde!

2

Hij werd een ander
nog warm aan zijn bureau
Grote Manitoe
verdiept in zijn gedachten

and suddenly the light went on again
and she was lying asleep on the couch
beneath the blue blanket.

I should write to this one and that one
that I won't do it
that I refuse
that I'm taking it to court
that the days here wear away in rain
and the world is never larger than a town
than me in that town
my feet on those cobblestones
and what I see when I blink my eyes
and I should ask how things are
whether the house is built
the play well translated
if the children are thriving
and the wives not all too unhappy.

—Translated from the Dutch by James S Holmes

Smoker's Symphony

1

One time he forgot to exhale.
After some time had passed he realized
that he no longer needed to inhale.
And what happened then!

2

He became another
still warm at his desk,
Big Manitou
steeped in his thoughts

vormen barend op zijn netvlies
van paperclip en haarspeldbocht
tot bergtop met vlag.

3

Waar was hij toen hij de steen aanbad
in welk gat gevallen

de grote roker
opgegaan in lauw struweel

op zoek naar de bron
van de wind in de boomtop?

Dacht hij zich een specht
schors bekloppend

dacht hij zich een voedselboom?

Was hij het gat in de steen
de steen om het gat
de vorm van de hurkzit
de rook in de pijpesteel?

Verdikte hij zich tot een sneeuwschoen
of nam hij de toevallige gestalte
van een lichaam aan?

4

De grond tast naar wortels
de wind dwaalt om de windvaan
de zon maakt haar salto mortale
de beek droogt op voor later
de spiegel kleurt zijn gezicht in
woorden wasemen adem

creating shapes on his retina
with paperclip and hairpin bend
to mountaintop with flag

3

Where was he when he presented the stone,
in which hole fallen

the great smoker
ascended in tepid cumulus

seeking the source
of the breeze in the treetop?

Did he imagine himself a woodpecker
pecking at bark

did he imagine himself a foodtree?

Was he the hole in the stone
the stone around the hole
the shape of the croucher
the smoke in the pipstem?

Did he flatten himself to a snowshoe
or adopt the chance shape
of a body?

4

The ground searches for roots
wind roams around the weathercock
sun makes her *salto mortale*
creek dries up for her later
the mirror colors his face
words fog breath

zijn billen vormen de stoel
zijn voeten de schoen.

Hij heeft geen veer gelaten.

(from *Theater*, 1979)

1975

Rare jaren deze jaren
niets komisch veel mislukt
rollende stenen zonder mos.

Kreupel zoekt de poëzie het huis weer op
de warme lamp
het kleine leed van pappie-mammie roepen
verdriet om de voorbije verjaardag
wéér troost de natuur
wéér komt op de proppen die ellendige God
vermond nu als VU-student
of Nijmeegse nitwit.

Maar ook wij
toen we een gooi naar het grootse deden
hadden niemand iets te bieden
dat en schuilplaats gaf
voedsel in een maag
een schaar om prikkeldraad door te knippen
nauwelijks een doek voor het bloeden
of schoonheid die een gedicht verbrandt.

Verwildered in besneeuwde vlaktes
woestijnen in muren gevangen
de kampen kelders en kooien
waar de ene mens de andere onmens wordt.

his buttocks shape the chair
his feet the shoe.

he has left not even a feather.

—Translated from the Dutch by Cornelis Vleeskens

1975

Strange years, these years,
nothing to laugh about, a lot that's flopped
rolling stones with no moss.

Poetry limps back home
the warm lamp
the petty pain of calling daddy-mamma
sadness at the birthday past
nature again a consolation
that wretched God rearing his head again
disguised now as a neo-Calvinist student
or a Catholic Marxist nitwit.

But we too
when we made a bid for greatness
had nothing to offer anyone
that provided shelter
food in the belly
shears to cut the barbed wire
hardly even a rag to staunch the bleeding
or beauty to burn a poem.

Run wild on snowswept plains
deserts caught inside walls
the cellars camps and cages
where one man turns wolf to another.

Al die dromen al die jaren
steeds weer dat kind op 't platgebrande station
her hoge gillen in de kazerne
waar je stem die mooie vaas
werd stukgetrapt.

En guiten de hekken
de koude cameraman
altijd bezorgd om z'n materiaal.

Schrijven die lullige luxe
waar ademen al een weelde is
en eten je bordje leeg.

De beste talenten aan de drank
aan de roem aan de ijdelheid
aan de spuit
of in 't gesticht
met een positie en een commissie
of uit het raam gesprongen
of geschrokken hokkend bij moeder de vrouw
of zich verliezend in analyses
napalm van woorden
over het vel van de taal.

Ach
sla ons om de oren
dat we wakker worden
dat niet onze ontroering
in klein geblaat verloren gaat
dat we weer ons bed opnemen
en zwerven met de bedeljongen
met de bedelmeid.

(from *Theater*, 1979)

All those dreams all those years
over and over that child at the burnt-down station
the high shriek in the barracks
where the lovely vase of your voice
was shattered.

And outside the gates
the cold cameraman
always worried about his equipment

Writing a silly extragance
where even breathing was luxury
and eating, your plate empty.

The finest talents hooked on drink
on fame, on vanity
on the needle
or in the asylum,
with a place on a committee
or jumped out a window
or huddling at home with the little woman
or getting lost in analyses:
napalm of words
on the skin of language.

Oh
beat us about the ears
till we come awake
till our emotions are
no longer lost in meek bleats
till we take up our beds again
and go a-roving with the beggar boy
the beggar maid

—*Translated from the Dutch by James S Holmes*

Lamento

Hier nu   langs het lange diepe water
dat ik dacht ik dacht dat je altijd maar
dat je altijd maar

hier nu   langs het lange diepe water
waar achter oeverriet   achter oeverriet de zon
dat ik dacht dat je altijd maar altijd

dat altijd maar je ogen   je ogen en de lucht
altijd maar je ogen en de lucht
altijd maar rimpelend   in het water rimpelend

dat altijd in levende stilte
dat ik altijd zou leven in levende stilte
dat je altijd maar   dat wuivend oeverriet altijd maar

langs het lange diepe water   dat altijd maar je huid
dat altijd maar in de middag je huid
altijd maar in de zomer in de middag je huid

dat altijd maar je ogen zouden breken
dat altijd van geluk je ogen zouden breken
altijd maar in de roerloze middag

langs het lange diepe water   dat ik dacht
dat ik dacht dat je altijd maar
dat ik dacht dat geluk altijd maar

dat altijd maar het licht roerloos in de middag
dat altijd maar het middaglicht   je okeren schouder
je okeren schouder altijd in het middaglicht

dat altijd maar je kreet   hangend
altijd maar je vogelkreet   hangend
in de middag   in de zomer   in de lucht

Lamento

Here now   along the long deep water
that I thought I thought that you always
that you always

here now   along the long deep water
where behind the shore's reeds   behind the sun
that I thought that you always but always

that always your eyes   your eyes and the air
always your eyes and the air
always rippling   in the water rippling

that always in living silence
that I always would live in living silence
that you always   that waving reeds always

along the long deep water   that always on your skin
that always in the afternoon your skin
always in summer in the afternoon your skin

that always your eyes would break
that always from joy your eyes would break
always in the motionless afternoon

along the long deep water   that I thought
that I thought that you always
that I thought that happiness always

that always the light motionless in the afternoon
that always the afternoon light   your ocher shoulder
your ocher shoulder always in afternoon light

that always your cry   hanging
always your bird cry   hanging
in the afternoon   in summer   in the air

dat altijd maar de levende lucht   dat altijd maar
altijd maar het rimplende water   de middag   je huid
ik dacht dat alles altijd maar   ik dacht dat nooit

hier nu langs het lange diepe water   dat nooit
ik dacht dat altijd   dat nooit   da je nooit
dat nooit vorst   dat geen ijs ooit het water

hier nu langs het lange diepe water   dacht ik nooit
dat sneeuw ooit de cipres   dacht ik nooit
dat sneeuw   nooit de cipres   dat je nooit meer

(from *Rechterschoenen*, 1992)

that always the living air   that always
always the rippling water   the afternoon   your skin
I thought that everything always   I thought that never

here snow along the long deep water   that never
I thought that always   that never   that you never
that never frost   that no ice the water ever

here now along the long deep water   I thought never
that now ever the cypress   I thought never
that snow   never the cypress   that you never

—Translated from the Dutch by Manfred Wolf

Hugo Claus

Hugo Claus [Belgium]
1929

Born in Bruges in 1929, Claus joined the Dutch
Cobra group and founded the influential periodical
Tijd en Mens (Time and Man) with the critic Jan
Walravens and novelist Louis-Paul Boon. In 1955, he
published *De Oostakkerse gedichten* (The Oostakker
Poems), which represent a high point in postwar
Flemish poetry. The poems vividly draw sexual ten-
sions against the landscape of Flanders in a primi-
tive, almost crude animal fashion.

   A versatile and prolific writer, Claus's published
work consists of poetry, novels, short stories,
numerous plays, film scenarios, and translations,
including Dylan Thomas's *Under Milk Wood.* One
of his most important novels, *Het Verdriet van Belgie* of 1983 (translated as *The Sorrow of
Belgium* in 1990), concerns a ten-year-old boy growing up in anti-Semitic West Flanders.
Family and friends join Hitler's Flemish brigades and the National Socialist Youth Movement,
becoming workers in the German factories. The boy's mother is mistress and secretary to a
Nazi officer, and his father produces Nazi propaganda. Against these offences, the young boy
must grow up to seek a moral and poetic awakening. Among his other novels are *Een Zachte
Vernieling* (A Gentle Destruction), *Gilles en de nacht* (Gilles in the Night), *Belladonna: Scenes
uit het leven in de provincie* (Belladonna: Scenes from Provincial Life), *De Geruchten* (Rumors),
and *Het Verlangen* (Desire). His collected poems are gathered in two volumes, *Gedichten 1948-
1993* (1994) and *Gedichten 1969-1978* (2004). He has received the Triennial Belgian State Prize
three times, twice for drama and once for poetry. In 1986 he won the State Prize for Dutch
Letters, and in 1986 the Leo J. Krijn prize.

BOOKS OF POETRY

Kleine Reeks (1947); *Registreren* (1948); *Zonder vorm van process* (1950); *Tancredo infrasonic* (1952); *Een huis dat tussen nacht en morgen staat* (Antwerpen/'s-Gravenhage, De Sikken/Daamen NV, 1953); *De Oostakkerse gedicthen* (1955); *Paal in perk* (1955); *Een geverfde ruiter* (Amsterdam: De Bezige Bij, 1961); *Oog om oog* (Amsterdam: De Bezige Bij, 1964); *Gedichten 1948-1963* (Amsterdam: De Bezige Bij, 1965); *Heer Everzwijn* (Amsterdam: De Bezige Bij, 1970); *Van horen zeggen* (Amsterdam: De Bezige Bij, 1970); *Dag, jij* (1971); *Figuratief* (Amsterdam: De Bezige Bij, 1973); *Het Jansenisme* (1976); *Het Graf van Pernath* (1978); *De Wangebeden* (1978); *Gedichten 1969-1978* (1979); *Claustrum: 222 Knittelverzen* (Antwerp: Pink Editions and Productions, 1980); *Almanak: 366 Knittelverzen* (Amsterdam: De Bezige Bij, 1982); *Alibi* (Amsterdam: De Bezige Bij, 1985); *Mijn honderd gedichten* (Amsterdam: De Bezige Bij, 1986); *Sonnetten* (1988); *De Sporen* (Amsterdam: De Bezige Bij, 1993); *Gedichten 1948-1993* (Amsterdam: De Bezige Bij, 1994); *Gedichten 1969-1978* (Amsterdam: De Bezige Bij, 2004)

POEMS IN ENGLISH

Selected Poems 1953-1973 (Isle of Skye, Scotland: Aquila Poetry, 1986)

Achter Tralies

Zaterdag zondag maandag trage week en weke dagen

Een stilleven een landschap een portret

De wenkbrauwen van een vrouw
Die zich sluiten als ik nadir

Het landschap waarin blonde kalveren waden
Waar het weder van erbarmen
In het Pruisisch blauw der weiden ligt gebrand

Toen heb ik nog een stilleven geschilderd
Met onherkenbare wenkbrauwen en een mond als een maan
Met een spiral als een verlossende trompet
In het Jersualem van mijn kamer.

(from *Een huis dat tussen nacht en morgen staat*, 1953)

Een Kwade Man

Zo zwart is geen huis
Dat ik er niet in kan wonen
Mijn handen niet langs de muren kan strekken

Zo wit is geen morgen
Dat ik er niet in ontwaak
Als in een bed

Zo waak en woon ik in dit huis
Dat tussen nacht en morgen staat

En wandel op zenuwvelden
En tast met mijn 10 vingernagels
In elk gelaten lijf dat nadert

Behind Bars

Saturday Sunday Monday slow week and weak days

A still life a landscape a portrait

The eyebrows of a woman
That close when I draw near

The landscape where blonde calves are wading
Where the season of mercy lies burned
Into the Prussian blue of the fields

It was then I painted another still life
With unrecognizable eyebrows and a mouth like a moon
With a spiral like a redeeming trumpet
In the Jerusalem of my room.

—Translated from the Dutch by Paul Brown and Peter Nijmeijer

An Angry Man

No house is so black
That I cannot live in it
Cannot span my hands across its walls

No morning is so white
That I cannot wake in it
Like a bed

Thus I live and wake in this house
On the crossroads of night and morning

And wander over fields of nerve filaments
And touch with my fingernails 10
At each resigned abandoned body's approach

Terwijl ik kuise woorden zeg als:
Regen en wind appel en brood
Dik en donker bloed der vrouwen

(from *Een huis dat tussen nacht en morgen staat*, 1953)

Marsua

De koorts van mijn lied, de landwijn van mijn stem
Lieten hem deinzend achter, Wolfskeel Apollo,
De god de zijn knapen verstikte en zwammen,
Botte messen zong, wolfskeel, grintgezang.

Toen vlerkte hij op, gesmaad,
En brak mijn keel.
Ik werd gebonden aan een boom, gevild werd ik, gepriemd
Tot het water van zijn langlippige woorden in mijn oren vloeide,
Die ingeweld begaven.

Zie mij, gebonden aan de touwen van een geluidloos ruim,
Geveld en gelijmd aan een koperen geur,
Gepunt,
Gericht,
Gepind al seen vlinder
In een vlam van honger, in een moeras van pijn.
De vingernagels van de wind bereiken mijn ingewanden.
De naalden van ijzel en zand rijden in mijn huid.
Mij heft niemand meer genezen.
Doofstom hangt mijn lied in de hagen.
De tanden van mijn stem dringen alleen meer tot de maagden
        door,
En wie is maagd nog of maagdelijke bruidegom
In deze branding?

(Een bloedkoraal ontstijgt in
Vlokken mijn hongerlippen.
Ik vervloek
Het kaf en het klaver en de horde die op mijn daken

Incantating chaste words
Like: rain and wind apple and bread
Clotted and dark blood of women

—Translated from the Dutch by Paul Brown and
Peter Nijmeijer

Marsyas

The fever of my song, the country wine of my voice
Left him shrinking back, Wolfthroat Apollo,
The god who throttled his lads, and sang like fungi,
Blunt knives, in his wolfthroat, gravel voice.

Then he whirled up, defamed,
And broke my throat.
I was bound to a tree, I was skinned, pierced
Until the water of his long-lipped words flowed in my ears,
That violently burst.

Look at me now, bound by the ropes of a soundless space,
Felled and glued to a copper scent,
Pointed,
Doomed,
Pinned like a moth
In a flame of hunger, in a morass of pain.
The wind's fingernails reach into my bowels.
The needles of frost and sand ride in my skin.
None now can ever cure me.
My deaf-mute song hangs in the hedges.
The teeth of my voice reach only the virgins,
And who's still a virgin or a virgin bridegroom
In these breakers?

(In clots the blood coral
Rises from my hunger-lips.
I damn
The chaff and the clover and the mob striking out

De vadervlag uithangt—maar gij zijt van steen.
Ik zing—maar gij zijt van veren en gij staat
Al seen roerdomp, een seinpaal van de treurnis.
Of zijt gij een buizerd—dáár—een wiegende buizerd?
Of in het zuiden, lager, een ster, de gouden Stier?)

Mij heft niemand meer genezen.
In mijn kelders is de delfstof der kennis aangebroken.

(from *De Oostakkerse gedichten,* 1955)

De regenkoning

De regenkoning sprak (en gelovig waren mijn oren):
'Hier heb ik de vrouw: gevlamde anus,
Borstknop en navelachtige nachtschade,
Daar kan geen starveling tegen.'
Toen brak
Het rijk der onderhuid aan splinters.

Regeerde deze Ram uitbundig en verrukt?
Niet vragen. Luister niet.
Het verhaal van zijn tanden drong
In alle vrouwen, dwingend
Als een zomerregen, een koperen lente, als een vroegtijdig
Ondernaan in hun liezen begraven doorn.

Het regende zeventig dagen—de nachten waren gegolfd
En zout. Onthoofde raven vielen.
En alle daken spleet een oog.
En sedert woont in mij,
In mijn ontkroond geraamte,
Een regenkoning die vlammen wekt.

(from *De Oostakkerse gedichten,* 1955)

The father's colors on my roofs—but you are of stone.
I sing—but you are of feathers and stand
Like a bittern, a semaphore of mourning.
What are you, a buzzard—there—a dandling buzzard?
Or in the south, lower, a star, a golden Taurus?)

None now can ever cure me.
In my cellars the ore of knowledge begins to fracture.

—Translated from the Dutch by Peter Brown and Peter Nijmeijer

The Rain King

The rain king spoke (my ears as faithful
Chattels to my liege): "Here we have a woman:
Flamed anus, breast-bud and navel nightshade
That no mortal can resist."
Then the kingdom
Of cutis broke apart in shivers.

Was this Ram's rule exuberant and rapturous?
Do not ask. Do not listen.
The narrative of his teeth penetrated
All women, compelling
As a summer rain, a copper spring, a thorn
Prematurely buried at the focus of their groins.

For seventy days it rained (the nights were undulating,
Salt). Decapitated ravens plummeted.
The roofs slit open on the eye.
And since then lived in me,
In my abdicated skeleton,
A rain king awaking flames.

—Translated from the Dutch by Peter Brown and Peter Nijmeijer

Het Dier

Het beest in de weide (van de vlammen gescheiden)
Ziet hoe op poten de dag aanbreekt
Hoe met gebaren de zon haar zevenstaart omslaat

En (in bladgoud, lichtogig en bevend)
Het verlangt niet meer.
's Nachts begeeft het zacht en dringt weer in het

Woud waar de koude jager roept.
Zo veilig, zo tam gaat geen mens
De wereld binnen.

(from *De Oostakkerse gedichten*, 1955)

De zee

De schorre zeilen, de sneeuwende zee met
De vinkenslag der baren: haar bladeren
En het doornaveld verlangen: haar golven

Rijden tegen het land waar de flag der bronst uithangt,
Monsteren de muren aan,
Lokken het mos en de mensen, de merries en het zand,

Laten de stenen als sterrebeelden achter
En bevrijden—zij, de zee en haar schuimbekkende beesten—
De maan in alle vrouwen, de tanden in mijn mond.

(from *De Oostakkerse gedichten*, 1955)

The Animal

The beast in the pasture (separated from the flames)
Sees how on legs the day breaks
How gesturing the sun regales its seven-tail

How (autumn-gold, dew-eyed and trembling)
It desires nothing more.
At night it recedes softly and penetrates still

The forest where the cold hunter calls.
So safe, so tame, no man
Enters his world.

—Translated from the Dutch by Peter Brown and Peter Nijmeijer

The Sea

The husky sails, the snowing sea with
The finch-trap of the billows: her leaves
And the naveled desire: her waves

Ride up against the land where the flag of rut
Hangs out, recruit the walls,
Lure moss and people, mares and sand,

Leave behind the stones like constellations
And release—they, the sea and her frothing beasts—
The moon in all women, the teeth in my mouth.

—Translated from the Dutch by Peter Brown and Peter Nijmeijer

Geheim kan

Geheim kan (en het mes in pijnloos
In uw dubbelhuid) verscholen in de vreugde
Het schuwe woord, het klare woord
(een opening in u gedrongen) er de liefde scheuren.

Wellicht kent gij geen vrouw meer, jager,
Wanneer deze verwondering zich voltrekt.
Uw gave zinnen weerstaan dit niet.
Koorts bereikt u voortdurend en houdt de koude wonde wakker.

(from *De Oostakkerse gedichten*, 1955)

Een vrouw-14

Ik zou je een lied in dit landschap van woede willen zingen,
Livia, dat in je zou dringen, je bereiken in je negen openingen,
Blond en rekbaar, hevig en hard.

Het zou een boomgaardlied zijn en een zang van de vlakte,
Een éénmanskoor van schande,
Alsof mijn stembanden mij ontbonden ontsprongen en je riepen,
Alsof
In dit landschap dat mij vernedert, in deze huizing die mij schaadt
(Waarin ik op vier voeten dwaal) wij niet meer ongelijk verschenen
En onze stemmen sloten.
Ontspring in loten,
Nader mij die niet te naken ben,
Wees mij niet vreemd zoals de aarde,

Vlucht mij niet (de manke mensen)
Ontmoet mij, voel mij,
Plooi, breek, breek,

Secret (And the Knife

Secret (and the knife is painless
In the envelope of your skin) deposited in delight:
The skittish word, a word transparent,
Plunged and plugged (an opening driven into you)
Could disembowel love in you wide open.

Is it that you have lost her, hunter,
In the execution of surprise? Is it that
Your bait belies the lure? Yet
The fever reaches in the execution of the hunt
To keep the cold wound waking.

—Translated from the Dutch by Peter Brown and Peter Nijmeijer

A Woman: 14

I'd like to sing you a song in this landscape of anger,
Livia, that would penetrate you, reach you in your nine openings,
Blonde and elastic, violent and hard.

It would be an orchard song and a canto of the plains,
A one-man choir of infamy,
As though my vocal chords discorded rose from me and called you,
As though
In this landscape abasing me, in this location impairing me
(Where I four-footed wander) we appeared no longer singular
And locked our voices.
Break out in shoots,
Come close to me, I who am elusive, unapproachable,
Don't think me strange as the earth,

Don't run from me (lame humans)
Meet me, feel me,
Crease and break, break,

Wij zijn de weerwind, de regen der dagen,
Zeg mij wolken,
Vloei open woordenloos, word water.

(Ah, dit licht is koud en drukt zijn hoornen handen
In ons gezicht dat hapert en zich vouwt)

Ik zou je een boomgaardlied willen zingen, Livia
Maar de nacht wordt voleind en vult
Mijn vlakte steeds dichter dicht—bereiken kan ik je
Niet dan onvervuld
Want de keel der mannelijke herten groneit toe bij dageraad.

(from De Oostakkerse gedichten, 1955)

De maagd

In rokken van wierook en distels
komt zij en draagt de kelk naar mij.
Zij is een aap, zo niet-te-vatten oud en snel tussen haar
kleed, het geopend tabernakel,
waarin ter aanbidding glimt de hazelijn van haar buik.

Het dorp dat bidt bekijkt.
Maar voor zijn dove lach
sluit ik met hoog gebaar de orgels af. (Tussen de
vermoeiden leven eist geen moed.)

Dan rent zij in de struiken,
nu schreeuwt zij in het goud, hoe ik haar heiland wezen
zou, maar det de maand, de maan, maar dat er
merries redden in haar vel en dat haar vader
haar noemde naar het galgekruid...
O basta!
Deze non gaat te dikwijls naar de cinema!

En onze liefde hapert.
Hoorbaar kruipen luizen.

We are the werewind, the rain of days,
Tell me clouds,
Flow open wordlessly, become water.

(Ah, this light is cold and weights its horned hands
To our face that falters and folds in on itself)

I'd like to sing you an orchard song, Livia
But the night comes to an end and fills
My plains more tightly tight—I can reach you
Only unfulfilled
For the stag's throat chokes at dawn.

—Translated from the Dutch by Peter Brown and Peter Nijmeijer

The Virgin

She comes in skirts of incense
And of thorns to bid me drink from the chalice.
She so much the monkey, so immeasurably old and fast between her
Garments, the broached tabernacle, where
For worship's sake gleams the hare-line of her belly.

The village praying, spies.
To such deaf laughter
I grandly shut the organ. (Living
Among the weary requires little courage.)

Then she darts through the bushes,
Now she's screaming in the gold, that I was to be her savior
But that the month, the moon, but that the
Mares were riding in her skin, and that her father
Named her after gallow-herb…
Oh, nonsense!
This nun goes to the movies far too often!

And our love falters.
Audibly lice creep.

Schamper tussen de meerderjarige kenners ineens,
ken ik haar niet meer.

En in het tienjarig bed, in de dovende slaapzaal
wacht ik weer op de ijzeren avondval
over de bladeren.

(from *De geverfde ruiter,* 1961)

N.Y.

1

Over de rimpels van het asphalt, in de rook die als een dooier-
zwam vannuit de roosters welt
dragen negerkrijgers tussen hun olielijf een roze zomeravondjurk
als de vrouw van een senator.

In het schiereiland van beton, in de bronstige paleizen
—ekbakken voor de knorrige jets daarboven—
koopt iedereen de sigaret van de man die denkt,
eet iedereen het gemalen vlees met nikkelen tanden,
wast ieder zich in filmsterrenmelk.

Wat beveiligt mij tegen
deze kanonnenkoorts?

Een tekening rond de linkertepel
welsprekend uitgevoerd door Tattooing Joe,
the electric Rembrandt.

Scornful, suddenly surrounded by these adult connoisseurs,
I know her no longer.

And on the decennial bed, in the quenching dormitory
I await once more the iron nightfall
Over the leaves.

> —*Translated from the Dutch by Peter Brown and Peter Nijmeijer*

N.Y.

1

Across the wrinkles of the blacktop, in the smoke that wells
out of the gratings like a yolky mold
Black warriors carry between their oiled bodies a pink summer
          evening frock
like a senator's wife.

In this peninsula of concrete, in the lustful palaces
—drip-pans for the rumbling jets overhead—
everyone buys the cigarette of the man who thinks,
everyone eats ground meat with nickel teeth,
everyone washes in filmstar milk.

What shall immune me
from the cannon fever?

A drawing eloquently executed
round the left tit of Tattoo Joe,
the electric Rembrandt.

2

Washington was een president. Vandaar het monument.
Eerst me een steek,
dan in de wind als een tent,
maar twee keer martiaal, staat hij, een arduinen vent
tussen malcontentige pakhuizen en venters.

Vanuit de bevolke zandbak, omrand door
tralies, ouders en duiven,
heft af en toe een vader zijn hevig kind
alsof het stervend was en offert het

aan Garibaldi die bewolkt bedenkt: 'Trek ik mijn dolk of laat
    ik hem?'

Gehelmde troubadours beloeren
het vijandelijk gebied waar Holley,
die het soortelijk gewicht van staal heft ontwricht,
pokdalig verwaten in het groen gegoten werd.

Hardhandig wordt een pater uit de woning
van Henry James gewalst tussen de schaatsers.

Overal de zeven alwetende vogels van de dood.
Ik wou dat ik was
een laagje lak van wit op wit.

(from *De geverfde ruiter*, 1961)

2

Washington was a president. Hence the statue.
First with a three-cornered hat,
then in the wind like a tent,
but doubly martial, he stands, a freestone gent
among the discontentious warehouses and vendors.

Now and then a father lifts his child
out of the populous sandbox surrounded by
bars, parents, pigeons,
as if it's about to die and offers it

to Garibaldi who thunderously thinks:
"Shall I draw my dagger or let him?"

Helmeted troubadours bespy
the enemy territory where Holley,
who dislocated the specific gravity of steel,
presumptuously has been cast pockmarked in green.

A priest is rudely ejected among the skaters
out of the house of Henry James.

Everywhere the seven all-knowing birds of death.
I'd like to be
a coat of paint white on white.

—*Translated from the Dutch by James S Holmes*

De bewaker spreekt

Huiswaarts kerned 's avonds hoor ik sarrend
de plof van hun hoeven onophoudelijk. Af en toe
terwijl ik plas in de sneeuw verwarmen zij zich aan elkaar.
Dan, na twaalf keer ademhalen
haal ik de hemelse straal uit het foedraal,
en richt haar naar de achterblijvers.
Door de hemel beschermd ga ik mijn weg.

Onze eigengemaakte kometen met
het gelukzalig uranium en de kokende kobalt
vergezellen mij waar ik wandel.
Alle koperen egels die wij naar de zon hebben geblazen
beschermen mij op het veld.

Huiswaarts kerende hoor ik
het schuiven van hun scharen
als mijn gevangenen over de ijzeren weiden schaatsen
naar de bunkers.
Dikwijls blijven zij achter. Zij dragen zware zielen.
Ik niet. In mijn eigengereide wenteling
denk ik aan korsetten en goud en koekjes.

(from *De geverfde ruiter*, 1961)

Heer Everzwijn

15

Hoe elke morgen de appelaar
vertakt veranderd is!
Hij is de boom der kennis niet,

    krullend in zijn schors
    rijpend in zijn huls.

The Guard Speaks

Turning homeward at night I incessantly hear
the nagging plop of their hooves. Now and then
while I piss in the snow they warm themselves on each other.
Then after twelve deep breaths
I pull the celestial ray from its holster
and point it at the stragglers.
Protected by heaven I go on my way.

Our self-made comets with
the blessed uranium and boiling cobalt
go with me where'er I walk.
All the copper hedgehogs we've blown toward the sun
protect me in the field.

Turning homeward I hear
the shuffling of their hosts
as my prisoners skate across the iron pastures
to the bunkers.
They often lag behind. They carry burdensome souls.
Not I. In my inexorable rotation
I think of corsets and gold and cookies.

—Translated from the Dutch by James S Holmes

from *Lord Boar*

15

How each morning the apple tree
has forked: changed!
It is not the tree of knowledge,

curling in its rind,
ripening in its husk.

De appelaar tast naar zijn loof
met kwetsbare twijgen
tot de nacht
dat de woordloze Ram knabbelt aan zijn bast.

20

De damp op de druiven,
               de dauw, de bron en de stroom.
Een vrouw die koert: 'Hier, kom hier, gauw',
en achter haar vergrauwt de nacht.
Het bloed dat op het blad papier was gespat
is nu geronnen.

Trots? Een bark in de zachte zee.
Berouw? Een gareel dat tegen de keien slaat.
Zij? Een profiel in de muur gebrand.

21

De taal van het vuur?
Geroosterde klinkers, verschroeide zinnen.
Koken is een taal. Vanmorgen in bed: de geur van koffie.

In de zomer van 1944 vernietigde het Amerikaanse 3e leger
in Normandië de kaasfabrieken—vanwege de geur—
de geur van lijken, zeiden de soldaten.

In vroegere tijden, zei Aristoteles, werd alle vlees
geroosterd.

With vulnerable twigs
the apple tree reaches for its leaves
until the night
when the wordless Ram nibbles its bark.

20

The steam on the grapes
                    the dew, the spring and the river.
A woman, cooing: "here, come here, quick!"
and the night spreads dim and gray behind her.
The blood that spattered on the page
has clotted now.

Pride? A barque on the soft sea.
Regret? A harness clattering on the cobbles.
She? A profile burnt into the wall.

21

The language of fire?
Roasted vowels, scorched phrases.
Cooking has its own grammar.
In bed, this morning: the smell of coffee.

In the summer of '44 the American 3rd Army
destroyed the cheese dairies in Normandy:
because of the smell—
the smell of corpses, the soldiers explained.

In former days, Aristotle pointed out,
All meat used to be roasted.

Nu nog, wijze man,
   jij die zei: 'Sokrates is bleek'
   jij de zei: 'De mens brengt mensen voort'
   jij die toen al—via begrip,
          oordeel,
            en redenering,
   een oplossing had gevonden
   voor slaven en vondelingen,

nu nog roostert men vlees,
als in sprookjes: mensenvlees.

's Morgens: de geur kan koffie, de taal van het vuur.
Een brandlucht in huis, een volmaakte lauwte.

(from *Heer Everzwijn*, 1970)

Fabel

(voor Meester John Bultinck, mijn verdediger)

De rechter van Brugge, jager op hazen en hoeren,
Zei: 'Alleen de dood is bloot
   Zelfs de Gekruisigde achter mijn zwarte schouders,
   Dat heilig gevaarte dat om de liefde vastgenageld werd
   Draagt een doek om zijn lenden,
   Zo schaamtelijk was zijn kruis!
   Wat dat bloot aangaat, Claus, beklaagde,
   De dood wil ik niet zien, alleen de schaamte.'

Hij schepte wat drek uit de weegschaal der Gerechtigheid
En stopte zijn neusgaten vol, vol zaligheid.

Ik riep: 'Edelachtbare, pardon, alstublieft,
   Uw Kruis is mijn Kruis niet!'

Waarop Christus van zijn schandhout viel

Today too, wise man,
    you who said: "Socrates looks pale,"
    who said: "Man begets man,"
    who even then, by means of understanding
                     and judgment and reason,
suggested solutions for slaves and foundlings,

today too they're roasting meat,
as in fairy tales: human meat.

Each morning: the smell of coffee, the language
of fire. A burnt smell, perfectly lukewarm.

—Translated from the Dutch by Theo Hermans

Fable

For Dr. John Bultinck, my defense

The judge in Bruges, hunter of hares and whores,
Said: "Only death is naked
    Behind my black shoulders even the Crucified One
    That holy colossus nailed because of love
    Wears a cloth round his loins,
    So shameful was his crotch!
    Concerning his nakedness, Claus, defendant,
    I don't wish to see death, just shame."

He scooped some muck from the scales of justice
And stuffed his nostrils full of salvation.

I screamed: "Your Honor, pardon me, but
    Your Cross is not my Cross!"

Whereupon Christ fell from his pin of shame

En naakt als een meelzak en met een zelfde plof
De nek van de rechter en de weegschaal brak.

Zijn lendendoek waaide uit het raam, a-dieu,
En vlotte door de straten.
Snel vingen de Bruggelingen het gewijde weefsel,
Snel werd het aan reepjes gescheurd (die vermenigvuldigden!)
En sneller nog blinddoekten alle welgestelde Belgen elkaar.

(from *Van horen zeggen,* 1970)

Vriendin

Zij zei: 'Ik zou nooit doden.
            Ook niet al seen man op één meter van mij
            mijn zoontje wurgde.
            Alles wat left is heilig.'

En ik zag haar in natriumlicht,
de sibylle met haar schandelijke wet,
krols van zelfmoord en gebed.

Hoe de klei hongert naar het gebeente
en de aarde naar de mest
en de dweil naar het bloed!
En hoe ik dans in mijn dierlijk zweet
en doden zou en hoe!

En toen zag ik haar
teer, breekbaar, nachtblind,
verdwenen in het verleden,
zoals vroeger de lichtgevende nachtwolk.

(from *Van horen zeggen,* 1970)

And naked as a flour sack and with a likewise thud
Broke the judge's neck as well as the scales.

His loincloth blew out of the window, farewell,
And floated through the streets.
Quickly the people of Bruges caught the sacred fabric,
Quickly tore it to strips (which multiplied!)
And quicker still all wealthy Belgians blindfolded one another.

—Translated from the Dutch by Peter Brown and Peter Nijmeijer

Girlfriend

She said: "I would never kill even
        if I had my hands around the man
        who strangled my young son.
        All that lives and crawls is holy."

I saw her in the sodium light,
randy with suicide and sanctity,
the sibyl with her shameful law.

How clay hungers for bones, the earth
for muck, the cloth for blood. How
I would dance in my animal blood
and how I would kill, and how!

I saw her disappear into the past
tender, brittle, nightblind, luminous
like the shards of moonlight on cloud cover.

—Translated from the Dutch by Peter Brown and
Peter Nijmeijer

Ambush

In de vlakte, zwart van de as
van dorpen en bossen
> *(Achter de heuvels hun gezang:*
> *'Wij zijn de kinderen van de gekwetste*
> *krokodil')*
stapt hij, in zijn schrik verstrikt.
Het wapen smelt in zijn handschoenen.
> *('Wij zijn de kinderen van de manke jakhals')*
Het probeert te marsjeren
in de richting van zijn walkie-talkie.
> *('Wij zijn de kinderen van de blinde giraf')*
Hij denkt: 'Ik ben niets anders dan een zaadgeleider.
Zoals ik lacht niemand.'
Hij heft nog drie minuten te leven.
Boven zijn helm hangt al
met rotor en angel het dodelijk insekt.
> *('Wij zijn de kinderen van de wesp')*

(from *Figuratief,* 1973)

Kringloop

De borden van het Laatste Avondmaal
bleven staan na de dood van de Heiland.
Schillen, kruimels, korsten vet,
de bevlekte schalen, het dof bestek.
De afdruk van een gebit in een appel.
De botten van een fazant.
Toen, 's morgens, kwamen de meiden
en zetten de tafel weer klaar voor het ontbijt.

Eerst is er de tijd van de goden, dan komt
de tijd van de helden, en dan die van de mensen.
Is dit verval? Geenszins. Want de kringloop komt terug
zoals voedsel folgt op excrement.

Ambush

Crossing the plain, black with the ashes
of villages and woods,
>   *(their songs behind the hills:*
>   *"we are the children of the wounded*
>   *crocodile")*

he walks, suffocated by fear,
the weapon melting in his gloves
>   *("we are the children of the limping jackal")*

He tries to march in the direction
of his walkie-talkie,
>   *("we are the children of the blind giraffe")*

thinking: "I'm simply a conveyor of seed;
nobody can laugh like me."
He has three minutes more to live.
Already above his helmet the deadly insect,
with rotor and sting, hangs in wait.
>   *("we are the children of the wasp")*

—*Translated from the Dutch by Theo Hermans*

Circuit

The plates of the Last Supper
were left standing after the demise of the Savior.
Peelings, crumbs, fatty rind,
the soiled dishes, the dull cutlery.
The impression of a denture in an apple.
The skeleton of a quail.
Then, in the morning, the maids came
and set the table for breakfast.

First is the time of the gods, then
the time of heroes, and then that of mortal man.
Is this decline? No way! For the circuit returns
like food follows on defecation.

Vico zei: 'Eerst was er wat noodzakelijk was,
toen wat nuttig was,
daarna kwam de gemakzucht,
later het genot en de wellust
en uiteindelijk—hier en nu—de waanzin
die elke levenskracht verspilt.'

Vico vergat god noch verrader,
priester noch kannibaal.

In elk koraal horde hij
het gebalk van de mongool.

(from *De Wangebeden*, 1978)

Etude

Er is, er is zoveel, bij voorbeeld die ongelukkige
die in het prieel staat te beschrijven.
Hij beschrijft waarden, complementaire tonen
de stoornis in de sferen
het glazuur van de voltooid verleden tijd.

Er is de leraar en zijn totale geschiedenis
er is de Jezuïet van de rechte lijn
de poelier van het vluchtige
hij de ontbijt met een concept
hij de aleatorisch slikt
hij die in vrieskelders snikt om de steeds
verder voortvluchtige paradox van de ruimte
hij die leeft van de obscene statuten voor kunst

terwijl *ex nihilo*

Er is wat onstaat uit dorst
er is wat door dat onstaan wordt ontdaan
er is natuur met haaar randen en rafels
er is pigment en het spoor van een hoef

Vico said: "First there was what was necessary,
then what was useful,
and after that came pleasure,
later delight and leisure
and at last—here and now—the madness
that saps every lifeforce."

Vico forgot neither god nor betrayer,
priest nor cannibal.

In every hymn he heard
the braying of the hordes.

    —Translated from the Dutch by Cornelis Vleeskens

Etude

There is, there is so much, take that lame duck
defining in the summer house.
He defines values, complementary scales
the disturbance in the spheres
the glazed time of the past perfect.

There is the teacher and his sum of history
there is the Jesuit of the straight and narrow
the poulterer of the fleeting
the one who breakfasts on a concept
the one who swallows aleatorically
the one in the freezer whining about the always
receding paradox of outer space
the one who lives by the obscene statutes of art

while *ex nihilo*

There is what is made from thirst
there is what is unmade by what was made
there is nature with its edges and loose ends
there is pigment and a hoof-print

er is zoiets stils als een dampened heuvel
zoiets wilds als de vuilnis van verdriet
er is een ladder onder de takken
er is de waanzin van de bladeren
de kalmte van de vlammen
er is Eris die zwerft
op zoek naar het gekerm van de mensen
er zijn de lijken van vrienden

er is *ex nihilo*
hoe dan ook het noodweer
en het dichtbij lawaai van de verre zee.

(from *De Sporen*, 1993)

there is the quiet of a steaming hill
the wilderness of the trash of grief
there is a ladder under the branches
there is the lunacy of the leaves
the calm of the flames
there is Eris wandering
in search of the groaning of men
there are the corpses of friends

there is *ex nihilo*
the storm anyway
and the nearby sounding of the distant sea.

—Translated from the Dutch by Theo Hermans and Yann Lovelock

Jan G. Elburg

Jan G. Elburg [Netherlands]
1919-1992

Born in Wemeldinge on November 30, 1919, Jan Elburg, for much of his life, was a lecturer on spatial planning at the Rietveld Academy in Amsterdam. His earliest poetry was rather traditional in form and content. But after World War II, as an editor of the avant-garde literary magazine *Het Woord* (The Word), Elburg helped prepare the way—along with fellow poets Gerard Diels, Bert Schierbeek, and Koos Schuur—for the postwar experimentalist movement in the Low Countries. In the 1950s, he continued his association with the literary underground as an editor of *Podium* and a contributor to such periodicals as *Reflex, Braak* (Fallow), and *Blurb,* while beginning to exhibit in own visual art.

photo DENISE COLOMB

Elburg conceives his poetry from a Marxist standpoint, in keeping with his belief that art has a social task to perform: "With poetry I want to lay some lines of contact from person to person. And renew myself and others; learn to see more and feel more....make something clear, give some warnings, set some examples." His poetic technique is essentially one of montage—the juxtaposition of previous jottings and fragments. "I mount my poems," he explains, "more than modeling them."

BOOKS OF POETRY

Serenade voor Lena (Amsterdam: W. L. Salm, 1941); *De distelbloem* (Amsterdam: 1944); *Laag tibet* (Amsterdam: De Bezige Bij, 1952); *De vlag van de werkelijkheid* (Amsterdam: De Bezige Bij, 1956); *Hebben en zijn* (Amsterdam: De Bezige Bij, 1958); *De gedachte mijn echo* (Amsterdam: De Bezige Bij, 1964); *Streep door de rekening* (Amsterdam: De Bezige Bij, 1965); *De quark en de grootsmurf* (Amsterdam: De Bezige Bij, 1971); *Gedichten, 1950-1975* (Amsterdam: De Bezige Bij, 1975); *De kijkers van Potter* (Amsterdam: De Bezige Bij, 1981); *Haaks op de uitvlucht* (Amsterdam: Meulenhoff, 1988)

eigen haard

Ik moet dit zijn
ik voel dit meer dan ik anderen
aan mijn besef voel schrijen.
ik moet dit zijn
waar ik in- en uitkijk.

het kan niet anders: dit, mijn handen
die mij meer diensten bewijzen
dan alle harde en zachte daarbuiten:
dit, meer vreugde om het woeden van mijn lijf
dan deernis om wat ik aanricht.

ik denk dat ik toch maar hier blijf,
met mijn bloedeigen angsten:
tussen mijn tanden ben ik thuis.

(from *De vlag van de werkelijkheid*, 1956)

oudmodisch regenlied

de droom van het licht is grijs
de droom van het licht droomt over een spiegel
de droom van de spiegel komt pratend omlaag
op lekke schoenen van wataer
voel je wel

op kleine grijze schoenen van water
de droom van het licht is natte straten
de deur van de poort van de droom is nat

een open poort is de spiegel van licht
de hoge poort van het licht dat droomt
komt uit op straten van water

no place like home

This must be me
I feel this more than I
feel others smarting at my notions.
this must be me
where I look in and out of.

it can't be otherwise: these, my hands
rendering me more services
than all the hard and soft ones outside;
these, more joy at my body's raging
than pity on what I bring about.

I think I'll stay here, after all,
with my very own agonies:
between my teeth is where I feel at home.

> *—Translated from the Dutch by Peter Nijmeijer*

old-fashioned rain song

the dream of light is gray
the dream of light dreams above a mirror
the dream of the mirror walks down talking
in leaky shoes of water
can you feel it

in small gray shoes of water
the dream of light is wet streets
the door in the gate of the dream is wet

an open gate is the mirror of light
the tall gate of light that dreams
opens out on streets of water

de grijze droom van de lucht is regen
de regen is lekke schoenen van water
beregen met natte kralen van regen

het licht is grijs is de droom van het licht
de lucht is dicht aan de open
poort van een droom van water
een spiegel de droom van het licht
is nat voel je wel

(from *De vlag van de werkelijkheid,* 1956)

arcadische ode

Het wordt melk:
merk toch hoe elk klein geluid
en hoe het licht gedienstig
groeit en weer afneemt bij het voortschrijden
van een kleine zon met wijzers

goed is het gras
de weide is warm van goedige koeien
zij knielen en bidden het gras aan
zo innig dat de bloemen koeien worden
zo vredig dat de koeien hun staarten
een madelievan hart toedragen

het wordt langzaam en rustig melk:
de spenen verwachten de vingers
de glanzende emmers wachten
de harige hommels poetsen
de halmen die de trage wind te slank af zijn

(from *De vlag van de werkelijkheid,* 1956)

the gray dream of air is rain
the rain is leaky shoes of water
threaded with wet beads of rain

the light is gray is the dream of light
the air is shut at the open
gate of a dream of water
a mirror the dream of light
is wet can you feel it

—Translated from the Dutch by André Lefevere

arcadian ode

It's turning into milk:
watch how each small sound
and how the light helpful
grows bigger and smaller again while a little sun
dial with hands on it moves on

good is the grass
the meadow is warm with goodly cows
they kneel and pray to the grass
so intently that the flowers turn into cows
so peacefully that the cows offer
their tails a heart of daisies

it's turning into milk, slowly and quietly:
the teats expect the fingers
the shining buckets are waiting
the hairy bumblebees clean
the stalks that are too slender for the wind

—Translated from the Dutch by André Lefevere

denken met tong en tanden

Een lepel gruis tegen een milligram liefde
en om mijn tong de bittere ring van de herfst
toch zal ik eten dat ik niet onwetend doodga
als de dieren.

ik wil mensen proeven. hun geheim.
waarom dit blijmoedig kijken.
waarom dit koperen voedsel hun lijven
verontrustend mooi doet zijn.

ook in de grote lucht en de zee, de schriele
plant is het, denk ik, in elke
snee brood ligt het opgesloten:
een kleine kiem van hun root
lichamelijk gelijk.

(from *De vlag van de werkelijkheid*, 1956)

niet alleen vogels vliegen

Beter als rustige insekten
naast een zuidelijk briesje gaan wonen:
het uitzicht op een haast oneindig boomblad
trekt lange diademen uit hun ogen.

maar nee
groot als de bloem uit het bruidsboeket
moet ik alweer worden
klein als de arend met verstijfde vleugels
ginds waar de nacht met zijn handen
het gebaar van roken maakt.

thinking with tongue and teeth

A spoon of grit for a milligram of love
and around my tongue the bitter ring of autumn
and yet I'll eat, I won't die dumb
like a beast.

I want to taste people. their secret.
why these happy looks.
why does this copper food
make their bodies so disturbingly beautiful.

in the wide air and in the sea too, it is
the scrawny plant, I think, it is locked
into every slice of bread;
a small germ of their big
bodily light.

—Translated from the Dutch by André Lefevere

birds are not the only ones to fly

Better go live next door to a southern breeze
like quiet insects:
the view is of an almost endless leaf on a tree
it draws long diadems from their eyes.

but no
I must grow big again
like the flower from the bridal bouquet
small like the eagle with stiffened wings
where the night makes the gesture
of smoking with its hands.

zo'n zweverig gebaar: als bij toverslag
heeft zich een koperen vlinder met mijn haar verward
en ben ik hoog langs een blad, een booomtop
en hoger
eet ik mij een weg door de wolken.

(from *Hebben en zijn,* 1958)

wisten wij echter

Een zwak gekwaak
hielden wij over van de wijze spreuken,
steden krompen in de warme stroom
van onze aandacht
en uit menigten wiekte slechts soms
een enkele engel op
het schot van ons verliefde word waard.

zo werden wij groter tussen onze schouders,
maar kleiner rond onze innerlijke zekerheid.

toch, soms
—en wij liggend met open ogen in de oksel van de nacht—
deed een vage roep als van gewonde reuzen
een heelal achter onze muren vermoeden.

maar altijd was de slaap,
als een goede tuin met papavers, nader.

wisten wij echter of er niet een hand uit een wolk,
of zelfs maar uit een naburige eenzaamheid,
tastte, tastte en ons slapend vond,
en verdween, tot wekken niet bij machte?

(from *Hebben en zijn,* 1958)

such a hovering gesture: as if by magic
a copper butterfuly got entangled in my hair
and I am high along a leaf, a treetop
and higher
I eat myself a path through the clouds.

—Translated from the Dutch by André Lefevere

but did we know

A faint quacking
is what we retained from the wise maxims,
towns shrunk in the warm stream
of our attention
and from the crowds sometimes just
a single angel winged up
worth the shot of our amorous word.

thus we grew bigger between the shoulders,
but smaller around our inner certainty.

and yet, sometimes
—while we lay wide-eyed in night's armpit—
a vague scream as from wounded giants
made us presume a universe behind our walls.

but always, like a kind garden
with poppies, sleep was nearer.

but did we know if not a hand groped from a cloud,
or even from a neighboring loneliness,
groped, groped and found us sleeping,
and vanished, incapable of waking?

—Translated from the Dutch by Peter Nijmeijer

dit verdriet

Dit verdriet is echt zoals
een valse edelsteen echt glas kan zijn:
ik besef het wel, ik eet en leef
en er zijn erger dingen, ook voor mij,
maar toch...

ik zie de vogels, toch: ik hoor ze niet.
ik hoor de vogels, toch: zij zijn verborgen.
ik ben niet heel.

ik ben een halve zoen,
een halve streling,
ik ben niet heel.

(from *Hebben en zijn*, 1958)

onder de zon

Onwelkom, of mogelijk werkelijk
onopgemerkt.
een gespierde vlek in het zelfportret
van bomen en vergezichten
en mijn zwarte broer schaduw beschamend groot
op het wonderland van de mieren

maar een sterkere dan ik heeft mij hierheen gestuurd
en de bloemen hebben mij nodig
om mooi te zijn.

(from *Hebben en zijn*, 1958)

this sadness

This sadness is real just as
a fake diamond can be real glass:
I understand, I eat and I'm alive
and there's a lot worse, for me too,
but anyway...

I see the birds, and I do not hear them.
I hear the birds, and they are hidden.
I am not whole.

I am half a kiss,
half a caress,
I am not whole.

—*Translated from the Dutch by André Lefevere*

under the sun

Unwelcome, or rather maybe
unnoticed.
a muscular blot on the self-portrait
of trees and far vistas
and my black brother shadow mortifyingly big
over the wonderland of ants

but a stronger one than I am sent me here
and the flowers need me
to be beautiful.

—*Translated from the Dutch by André Lefevere*

niets van dat alles

Zoals matrozen zingen...
maar matrozen zingen niet:
zij spugen in de zee,
zij kennen de achterkanten van steden
en de voorkant van de koude wind;
matrozen zingen niet.

zoals de vogels vrolijk...
maar hun vrolijkheid is vluchten:
zij zijn beschoten,
hun jong is dood.
(zij kennen geen droefheid ook).

zoals de zon...
maar zie het rode stof rond boekarest.
wolken? zijn koude mist.
de klaproos? onkruid.
zand: zand
water: water.

een mens weet nauwlijks wat de mens is.
de dichter weet alles van niets.

(from *Hebben en zijn,* 1958)

daarin begaafd

Ik leg mijn hand op mijn hand
zoals twee lijven samenkomen.
ik leg mijn hoofd daar weer op
en laat het verleden over die handen stromen:
zie, een klein wonder:
hier liggen jij en ik.

hoor, ik ken zoveel kleine toverkunsten:
kleine nachten makenmet gesloten ogen,

nothing of all this

Like sailors singing...
but sailors do not sing:
they spit in the sea,
they know the backsides of cities
and the front of the cold wind;
sailors don't sing.

like the birds gaily...
but their gaiety is fleeing:
they have been under fire,
their fledgling is dead.
(they know no sadness either.)

like the sun...
but look at the red dust round bucharest.
clouds? are cold mist
the poppy? a weed.
sand: sand
water: water

man hardly knows what man is.
the poet knows all about nothing.

—Translated from the Dutch by Koos Schuur

a talent for this

I put my hand on my hand
the way two bodies come together.
I put my head on them in turn
and let the past run over these hands:
look, a small miracle:
you and I are lying here.

listen, I know so many small magic tricks:
how to make small nights with closed eyes,

kleine bedden maken met een vinger op de lippen.
opzien uit een boek of een glas
is dikwijls met je samen zijn.

o, daarin ben ik begaafd en
daarom ben ik zo bang dat ik je mooier maak,
want ik wil je niet mooier
dan je geweest bent,
hier, vlak aan mijn wimpers.

(from *Hebben en zijn*, 1958)

kennis van het bestaande

Landschap van eenzaamheid
onzichtbaar als munten op dode ogen
maar waar te nemen:
over een hellend veld van doorschenen walm
leiden de wegen in één stilstaande golf binnen.
het lijf een slapend manifest
als de in een houtblok gevouwen vogel.

een vingertop van stilte beroert de trommelvliezen
zoals koude lippen de mond beleren die geluidloos
het ervarene opsomt:

de met steen bespatte
oneindige zee van het niets
staat in het vlees.
meer leegte dan wat men leven noemt
is de mens.

vergezicht van eenzamen
smaak van het onherbergzame
als sneeuw aan het verhemelte.
ik.

(from *Hebben en zijn*, 1958)

how to make small beds with a finger on the lips.
to look up from a book or a glass
is to be together with you
often.

oh, I have a talent for this and
that's why I'm so afraid I might make you more beautiful,
because I don't want you more beautiful
than you were,
here, right at my eyelashes.

—Translated from the Dutch by André Lefevere

knowledge of what is

Landscape of loneliness
invisible as coins upon dead eyes
but perceptible:
across an inclined plain of translucent smog
the roads lead into one unmoving wave.
the body a sleeping manifesto
like the bird caged in a woodblock.

a fingertip of silence stirs the eardrums
as cold lips tutor the mouth which soundlessly
recounts the encountered:

the stone-splashed
infinite sea of nothingness
stands in the flesh.
more absence than what is called existence
is man.

vistas of the solitary ones
taste for the forsaken
as snow at the roof of the mouth.
me.

—Translated from the Dutch by Peter Nijmeijer

veel niets om leven

Goden. Dat is: de dood.
Geesten en paradijzen: de dood.
Groter dan het levende
maar haast niet groter,
als de schaal om het ei
en niets daarbuiten.

Binnenkant van het niets.
Schil van verzinsels en gebeden.
De dode huid van al dit levende
behoort tot niets
Het leven maakt de dood.

Dode vorm van het mooie
levende, van de mooie borsten,
de tot zoenen uitgestoken tong.

Vriend, wij zweten goden uit,
bederven tot engelen en duivels.
Wij worden langzaam maar zeker
uit de kring gedreven:
de hemel is niets
maar wij zijn nog in leven.

(from *De gedachte mijn echo,* 1964)

bretagne, eind april

Overal ademen
de grote longen van het groen.
de wind: een wolk van abrikozen
als onder een kurk van kluiten vandaan.
op die volle fles fluit de verte
en ik drink in geen landschap een landschap in.
geel slaat de gaspel dorens
in het vloeiend bloed van le lucht.

much nothing ado about life

Gods. That is: death.
Ghosts and paradises: death
Bigger than the living
but almost not bigger,
like the shell around the egg
and nothing outside.

Inside of nothing.
Peel of prayers and inventions.
The dead skin of all this living
belongs to nothing.
Life makes death.

Dead shape of the beautiful
living, of the beautiful breasts,
the tongue offered for kissing.

Friend, we sweat out the gods,
rot to angels and to devils.
We are slowly but surely
driven from the circle:
the sky is nothing
but we are still alive.

—Translated from the Dutch by André Lefevere

brittany, the end of april

The big lungs of green
breathe the wind
everywhere: a cloud of apricot
as from under a cork of clods.
the distance plays the flute on that full bottle
and I drink in a landscape in a landscape.
the yellow gorse beats thorns
into the blood of the sky, it flows.

ik raak overal aan. ik heel de hemel.
noem mij
sint-jan-van-vinger.

–

anderen staan ook, gaan ook, vaderlijk wonderlijk:
boeren dragen kindergrote broden,
bruin. en al hun hoeven verstuivende
dieren met de vorken van de zon
in hun ruggen. kerken in kruisen zeilen
met kristus in het kraaienest
en snikkend aan de helmstok
een venus met gebalde vuisten.

stiefmoederlijk knijpend in rozekransen
verplaatsen gepekelde vrouwen hun voeten op de weg.
op de gezichten mutsen
van witte ziftende mosselschelpen.

–

en de heggen hcbbcn hun dwergen
te slapen gelegd.
de schuur kauwt zijn spook,
de oude appels in hun golf van cider deinen
als boeien.
heide en koolvelden onhelmelijk omarmen
en kussen elkaar.

–

noem mij de laatste-van-leon,
achter zodenbanken weerspiegeld in geslepen
grafstenen,
gekamde kelt, thuisgakomen en foeterend
speurend naast de dolmen naar zijn land.

I touch everything. I heal the heavens.
call me
st.-john-of-the-finger.

–

others stand as well, walk as well, paternally, miraculously:
farmers carry loaves of bread big as children,
brown. and all their hoof-scattering
animals with forks of sun
in their backs, churches and crosses sail
with christ in the crow's-nest
and a venus with clenched fists
sobbing at the helm.

pickled women move their feet on the road
stepmotherly pinching rosaries.
on their heads bonnets
of white sifting musselshells.

–

and the hedges put their dwarfs
to sleep.
the barn munches on its ghost,
the old apples heaving in their gulf of cider
like buoys.
heath and cabbagefields embrace
and kiss each other eerily.

–

call me the last-of-león,
mirrored behind benches of turf cut in
tombstones,
combed celt, come home and muttering,
looking past the dolmen for his land.

groen in groen is de maretak.
vergeten eieren in het gras mijn ogen.
een kat van schaduw likt aan dauw,
lijdt dorst en likt.

—

de wegen kwispelen geteerd, het hellende vlak
van de heuvels een grimas van pioegvoren en remsporen.
noem mij de razendrappe kijker
achter zijn voorruit van vlinders,
gisteren behuild met calvados,
vandaag met zout water.

—

havens ingezaagd en meesterlijk door meeuwen heen
masten, kromstaande rook, vergezichten van niets
dan de nikkelen zee, geplet, blauw en plat geslagen
door zijn legenden.
ginder rinkelt brittannië zijn riddersporen.
niets is te horen:
gccn schild schittert dan een wolk.

—

later licht strekt zijn zwarte zwaarden
achter de torens.
de zoetgemutste kok van houtskool
sluipt buigzaam door de hoven
met zijn kokkels rond. ruiten snijden gerechten aan.
stapels tafels en bedden steken zich aan
de dieper wordende blos van de zon.
gangen openen zich voor gekraak
en trappen.

—

green in green is the mistletoe.
my eyes eggs forgotten in the grass.
a cat of shadow licks the dew.
is thirsty and licks again.

–

the roads wag their tarred tails, the slanted plane
of the hills a grimace of skid marks and furrows.
call me the observer, fast as fury
behind his windscreen of butterflies,
I wept over yesterday with calvados,
over today with salt water.

–

harbors indented and masts magisterial among the gulls
smoke stands crooked, vistas of nothing
but the nickel sea, flattened, blue and beaten level
by its legends.
over their britanny rings its knight's spurs.
nothing to hear:
no shield glistens, only a cloud.

–

later light stretches its black swords
behind the towers.
the charcoal cook wears his sweet hat
steals flexibly through the farms
with his round cockles. windows cut into his courses.
heaps of tables and beds light themselves
on the sun's deepening blush.
corridors open themselves to creaking
and stairs.

–

gegeten:
een gezicht,
handen als vogels op tafel.

gedronken:
ogen tegenover mij.

–

de maan wast zijn kaarsbleke das,
ramen wenken als versleten vleugels
aan gevels.
bedden vertellen hun verhalen
als elke avond voor het slapengaan.
wagens besnuffelen elkaar in de mist
en wachten.

(from *De gedachte mijn echo*, 1964)

bertrand de born

Dat is het, liefde,
als een regen van zacht ijzer,
als een regen van stomende tranen,
dat is het.

Het is hoog:
mijn adem stoomt ook, mijn ogen
zijn de trommels van bergtoppen.
Het is laag:
ik hijg van een val.

Dat is het: fluwelen rolstenen;
dit: door biezen gezwiept water,
en ik schommel op de doften
van een roze roeiboot,
ik wieg in de boot van een vrouw.

eaten:
a face,
hands like birds on a table.

drunk:
eyes opposite mine.

–

the moon washes its tie, pale as a candle,
windows wave on house fronts
like worn-out wings.
beds tell their stories
as they do every night before it is time to sleep.
cars sniff each other in the fog
and wait.

—Translated from the Dutch by André Lefevere

bertrand de born

This is it, love,
like a rain of soft iron,
like a rain of tears flowing,
this is it.

It is high:
my breath flows too, my eyes
are the drums of mountaintops.
It is low:
I am still panting from the fall.

This is it: velvet stones rolling;
this: water swishing through,
and I am rocking on the rush benches
of a pink rowboat,
I am rocking in a woman's boat

...

Niets is hiermee gezegd
van haar stamelend gezicht dat de maan herkent
en namen geeft, rijmend op de mijne,
en diep daaronder een put vol minnaars
die elkaar beklimmen om hier te zijn,
boven, en mij te zijn:
glad van rug, trots en verzaligd.

...

Dat is het:
liefde, oorlog en poëzie.

(from *De gedachte mijn echo*, 1964)

...

Nothing has been said by this
about her stammering face that recognizes the moon
and gives names that rhyme with mine,
and deep under that a pit full of lovers
climbing on each other to be here
up here, and to be me:
smooth of back, proud and fulfilled.

...

This is it:
love, war and poetry.

—*Translated from the Dutch by André Lefevere*

Gerrit Kouwenaar

Gerrit Kouwenaar [Netherlands]
1923

Born in Amsterdam in 1923, Gerrit Kouwenaar was one of the first poets to join the Experimental Group Holland, until then more or less dominated by painters. His first works were printed in clandestine publications during World War II. After the war he earned a living as a translator and journalist. He also wrote novels before turning his attentions solely to poetry.

photo KLAAS KOPPE

His early work displays a political motivation, a great faith in language, and a curiosity for what is hidden *behind a word* (one of his books of poetry carries this title). His later poetry reflects intensely on the relationship between language and reality, becoming as it were a laboratory in which the poem no longer originates through *écriture automatique* but is consciously constructed. Seeking to create "the poem as an object," Kouwennar denounces the idea of poetry as a vehicle for the outpouring of direct emotion and rejects the consolation of wishful thinking and sentimentalism.

Kouwenaar's poetry is often described as a kind of murder, as he tries to cancel the denotative character of words. "I cut the throat of a word," writes Kouwenaar in *autopsie/anoniem*. In the attempt is his desire to jettison the reality which is formed in and through the words that refer to it, allowing the poem to turn in on itself, becoming a thing among things, becoming reality itself.

His poetry and translations have won numerous prizes, including the 1971 Dutch State Prize for Literature and the 1989 Prize for Dutch Letters. In 1997 he was awarded the major VSB Poetry Prize for his latest volume *de staat open* (Time Is Open).

BOOKS OF POETRY

goede morgen haan (Amsterdam: Experimentale Groep, 1949; Querido, 1978); *achter een woord* (Amsterdam, 1953; reprinted in *sint helena komt later); hand o. a* (Amsterdam, 1956); *de ondoordringbare landkaart* ('s-Gravenhage: A. M. Stols, 1957); *het gebruik van woorden* (Zaadijk: J. Heijnis, 1958); *de stem op de 3e etage* (Amsterdam: Querido, 1960); *zonder namen* (Amsterdam: Querido, 1962); *sint helena komt later, gedichten 1948-1958* (Amsterdam: Querido, 1964); *autopsie/anoniem* (Amsterdam: Querido, 1965); *100 gedichten* (Amsterdam: Querido, 1969); *data/décors* (Amsterdam: Querido, 1971); *landschappen en andere gebeurtenissen* (Amsterdam: Querido, 1974); *volledig volmaakte oneetbare perzik* (Amsterdam: Querido, 1978); *gedichten 1948-1977* (Amsterdam: Querido, 1982); *het blindst van de vlek* (Amsterdam: Querido, 1982); *het ogenblik: terwijl* (Amsterdam: Querido, 1987); *een geur van verbrande veren* (Amsterdam: Querido, 1991); *kijk, het heeft gewaaid* (Amsterdam: Querido, 1993); *de tijd staat open* (Amsterdam: Querido, 1996); *helder maar grijzer: gedichten 1978-1996* (Amsterdam: Querido, 1998); *een glas om te breken* (Amsterdam: Querido, 1998); *totaal witte kamer* (Amsterdam: Querido, 2002)

BOOKS IN ENGLISH

décor/stills, translated by Peter Nijmeijer (Deal, Kent, United Kingdom: Actual Size Press, 1975)

de dag

Op de dag dat ik er was stonden de klokken zeven
de buren praatten op de balkons over vrede
mijn vader schreef een stuk over een brand
mijn moeder was gelukkig dat zij een zoon had

de ooms sneden koek ik lag geheel gesloten
de wereld gaf prompt antwoord met sportmanifestaties
de avond was vol auto's met supporters
de tantes liepen geruisloos met gloeiend water

de krantenman op zijn racefiets groette de dokter
de ogen van de stad stonden wijd open in avondzon
omdat ik er was in een kom van asfalt
omdat ik er was speelde het orgel gedempt in de verte

in de nacht kwam mijn vader met een jas vol brandgeur
hij liep op gummibottines de trap op en af
hij heeft op het balkon een cigarillo gerookt
hij dronk een glas wijn en dacht ik kan zweven.

(from *achter een woord*, 1953)

elba

Voor Constant

Ik draag een waarschuwing bloedjas
en ik sta op elba.
Ik heet napoleon, ik heet o.a. napoleon
en ik sta op elba.
Ik draag honderd namen
en ik sta op elba.
Ik ben de achterkant van een heer.
O lieve generalen, zie mijn snavel
op elba.
Wandel met mij de parken verbanning en twijfel.
Er zijn nachten dat ik op zit als een snavelhondje.

the day

The day I was there the clocks stood at seven
the neighbors on the balcony talked about peace
my father was out reporting a fire
my mother was happy she had a son

the uncles dished out pie while I lay entirely locked
the world promptly replied with sports demonstrations
the cars full of supporters crowded the evening
the aunts walked soundless with scalding water

the newsboy on his racer greeted the doctor
the eyes of the city were agog in the evening sun
because I was there in a basin of asphalt
because I was there the street organ played subdued in the distance

that night my father came home in a coat smelling of fire
he went on rubber half boots up and down the stairs
he smoked a cigarillo on the balcony
he drank a glass of wine and thought I can float.

—Translated from the Dutch by Peter Nijmeijer

elba
for Constant

I wear a warning bloodcoat
and I stand on elba.
My name is napoleon, among others my name is napoleon
and I stand on elba.
I bear a hundred names
and I stand on elba.
I am the other side of a gentleman.
My dear generals, look at by beak
on elba.
Walk with me the parks of doubt and exile.
There are nights I sit up and beg like a beak-dog.

Mijn rots is bruin, ge kunt het zien.
Mijn oog is het raderwerk van uw uitvindengen:
ATOOMBOM! Dank u, heren!

Maar nu de angst in parijs huist
op de keien die mijn parades nog proeven,
op de terrassen von kolonel sartre,
belijd ik de eiffeltoren de zee uit,
stalen angstfiliaaltje
op elba.

Ge denkt dat ik dood ben?
Ik sa er met sable, met snavel, met bloedjas.
Mijn lichaam is groot en vet
en vet van de beenderen hitler en bismarck en nietzsche en truman.
Chaplin is mijn lakei, maar ik weet het:
hij steelt epauletten voor kermis
en tabak voor de slaven van soho,
hij steelt mijn historie voor marx—
protesteert, generalen!

Ik sta als een stinkput op elba.
O generalen, proef de lyriek van mijn rotting.
Herhaal mij en groei mij.
Ik wacht u met spengler en galgen uit het museum.
Verlos mij, roep ik, maar hoop niet.
De slaven geloven geen kralen meer, generalen.
Ik heet o.a. napoleon van elba
en sint helena komt later.

(from *achter een woord*, 1953)

My rock is brown, as you can see.
My eye is the clockwork of your inventions:
ATOM BOMB! Thank you, gentlemen!

But now that terror dwells in paris
on the cobblestones still tasting my parades,
in the pavement cafés of colonel sartre,
out of the sea I profess the eiffel tower,
steel affliliation of fear
on elba.

You think I'm dead?
I stand here with saber, with beak, with bloodcoat.
My body is big and fat
and fat with the bones hitler and bismarck and nietzsche and truman.
Chaplin is my lackey, but I know:
he steals epaulettes for the fair
and tobacco for the slaves of soho,
he steals my history for marx—
generals, protest!

I stand like a cesspit on elba.
O generals, taste the lyric of my rotting.
Repeat and grow me.
I wait for you with spengler and gallows from the museum.
Deliver me, I cry, but do not hope.
The slaves no longer believe the beads, generals.
My name is among others napoleon of elba
and st. helena comes later.

—Translated from the Dutch by Peter Nijmeijer

hand o.a.

Op de weg loopt mijn hand naakt op vijf poten.
Hij komt een andere spin tegen.
De spin zegt ik leef graag onder kanten voorhangen blouses.
En zij lopen de avond valt een vrouwelijke vrouw staat te huilen.
De hand troost haar met deen droom.

Ik droomde dat ik jong was.
Ik wiegelde in leren waterzakken.
Het onweerde langzaam.
Ik kreeg een grijs verleden vol stof regen.
Ik wierp twee zwarte borden op het terras tussen de tuinstoelen
     en hinkte snikkend tussen de bessenstruiken.
Ik wilde mij naast de spin neerwerpen.
Maar de entende tuinman lachte.
En ik liep op vijf poten naar het huis van mijn linkse vader en
     mijn handige moeder en leefde plotseling tot ik ontwaakte.

De vrouwelijke vrouw droogt haar tranen en begint te lachen.
De spin haalt een boek te voorschijn en verbergt de lachende
     vrouw tussen de bladzijden.
De hand vervolgt lezend mijn weg—

(from *hand o.a.*, 1956)

een zonnige ochtend

De zon die hem wakker sloeg

volstaan zou te schrijven:
de hamer neerkomend op de domme
of achteloze vinger
ontkentent een wereldoorlog

of beter: de eerste blinde schermutselingen
in het monstreden grensland: in het jonge zonlicht
gaat het oude weerlicht nog even
volledig verloren

hand etc.

Down the road my hand walks naked on five legs
He meets another spider.
The spider says I like to live under lace curtains blouses.
And they walk the night falls a womanly woman stands crying.
The hand consoles her dream.

I dreamt I was young.
I rocked in leather waterbags.
It thundered slowly.
I got a gray past full of dust rain.
I threw two black plates on the terrace among the garden
    chairs and sobbing limped through the currant bushes.
I wanted to lie down next to the spider.
But the grafting gardener laughed.
And on five legs I walked to the house of my left father and
    my hand mother and suddenly lived till I woke up.

The womanly woman dries her tears and begins to laugh.
The spider brings out a book and hides the laughing woman
    between the pages.
Reading the hand continues on my way—

—Translated from the Dutch by Peter Nijmeijer

a sunny morning

The sun striking him awake

sufficient to write:
the hammer coming down on the stupid
or heedless finger
unchains a world war

or rather: the first blind skirmishes
in the disputed borderland: in the young sunlight
the old lightning for an instant
completely lost

de rest is pakpapier, houtwol
journalistiek, psychologie, voort-
planting, het uitstellen van zelfmoord
de romankunst, heldendom, lafheid, liefdes
als lieveheersbeestjes bijtend, als vliegen
wegvliegend naar ander aas

de rest is wat wij verdedigen
wat vernield wordt
de republiek of het koninkrijk
het dagelijks brood of althans
het gat in de maag
dit gedicht

(from *zonder namen,* 1962)

als een ding

Een gedicht als een ding

een glazen draaideur en de chinese ober
die steeds terugkeert met andere schotels

een parkwachter die zijn nagels bijvijlt
tussen siberische kinderen uit maine

een venus van de voortjid samen met
een spin op de snelweg

een glas moedermelk, een geel
gesteven smoking

een bij, een pennemes
beide stekend, een vliegtuig
dat oplost in dorpsregen

een gedicht als een ding.

(from *zonder namen,* 1962)

the rest is wrapping paper, woodwool
journalism, psychology, pro-
creation, the postponing of suicide
the art of fiction, heroism, cowardice, loves
biting like ladybugs, like flies
flying away to other bait

the rest is what we defend
what is demolished
the republic or the kingdom
the daily bread or at least
the gap in the stomach
this poem

   —Translated from the Dutch by Peter Nijmeijer

as an object

A poem as an object

a glass revolving door and the chinese waiter
returning steadily with other dishes

a park attendant filing his nails
amid siberian children from maine

a prehistoric venus together with
a spider on the freeway

a glass of mother's milk, a dinner jacket
starched yellow

a bee, a penknife
both stinging, an airplane
dissolving in village rain

a poem as an object

   —Translated from the Dutch by Peter Nijmeijer

zonder namen

Als ik zie hoe machteloos de gedachten van velen
de namen omzwermen
als volièrevogels het zangzaad
beklim ik liever het naamloos ding dat een berg is
desnoods halverwege

het zwijgen te toonzetten
maar de naam te verzwijgen, niet uit eerbied
maar uit eenvoudige blindheid
en zó de stof het feit en de tijd
nauwkeurig te zeven door vlees
ziedaar een poging tot maken

desnoods halverwege: uitzicht
op een hard ing dat ruimte loslaat en uitspaart

zeer werkelijk is de slaap en de gestilde honger
zeer denkbaar want niet benoemd

en hoe sneller de huizen
aan handen en ogen ontvallen
hoe groter men woont—

(from *zonder namen*, 1962)

gebeurtenis

Rokend een sigaret van blonde gestolen tabak
sta ik op de landweg

hoe egypt zich mengt met zuring
hoe windstille dampt (nog onverglijkbaar
met gifgas) de verboden geur
als een kamer vasthoudt

without names

When I see how helplessly the thoughts of many
swarm round the names
like caged birds round birdseed
I'd rather climb the nameless thing that is a mountain
if need be halfway

setting silence to music
but suppressing the flame, not out of respect
but out of sheer blindness
and so thoroughly sifting
time fact and matter through flesh
that is an attempt at creation

if need be halfway: a view
of a hard thing releasing and leaving out space

highly real is sleep and the stilled hunger
highly conceivable because unnamed

and the sooner the houses
fall away from hands and from eyes
the greater one lives—

—*Translated from the Dutch by Peter Nijmeijer*

event

Smoking a cigarette of stolen blond tobacco
I am standing in this country lane

how egypt blends with sorrel
how windless vapor (yet incomparable
to poisonous gas) retains the forbidden
fragrance like a room

hoe de populieren hun zilver tonen
hoe de hemel eensklaps voorgoed van god ontdaan is

hoe de naam stilte zelfs te luid is
hoe er niets gebeurt niets gebeurt
hoe er volstrekt niets gebeurt—

(from *zonder namen,* 1962)

van eiland naar land

Varend van eiland naar land: een eenvoudig
tafereel van roestig wit ijzer, splijtend
beslagen groen water waar ik naar kijk

kijkend zeer goed bewust ben ik mij
van mijzelf
in dit hier en dit nu, beide
niet eeuwig maar toch duuzamer
dan bijvoorbeeld een woord: ik denk omdat
de dood onmerkbaar nabij is

en terwijl het strijkje valencia inzet
zie ik eensklaps loodrecht onder mij
een dood wit paard drijven
op zijn zijde

een dood wit paard
wij varen er voorbij
met ongelooflijke snelheid—

(from *zonder namen,* 1962)

how the poplars show their silver
how suddenly the sky is shorn of god forever

how even the name of silence is too loud
how nothing happens nothing happens
how absolutely nothing happens—

—*Translated from the Dutch by Peter Nijmeijer*

from island to land

Traveling from island to land: a common
tableau of rusted white iron, splitting
the blurred green water I'm watching

watching I'm fully aware
of myself
in this here and this now, both
not everlasting but still more durable
than for instance a word: I guess
because death is insensibly near

and as the stringband strikes up valencia
I suddenly see straight below me
a dead white horse drifting
on its side

a dead white horse
we sail past it
at incredible speed—

—*Translated from the Dutch by Peter Nijmeijer*

ervaring

De stad verlaten, moteren en gras maken onbehagen
draaglijk, het hoornvee kalft
in een ooghoek, hoofd en hart staan 's avonds
gebakken op tafel

dit geweldig grote bed buiten
vol drachtige dochters slordige kussen bebloede lakens
is voor een dicther met hooikoorts
het einde, stervende zoek hij
nog zijn barstende bloknoot

in alle ernst, op een aarde van steen tussen mieren
van een zeer groot formaat, tussen dennen zijnde
god weet het sparren met knappende oren
want op 2000 hoogte en daarbig gezalfd
door een 30-graads hitte, termidden van geuren
nog allen vergelijkbaar met peper
duur badzout, en alom en overal en rondom etcetera
een verte, zo bars en zo zacht en zo werkelijk
etcetera, dat hij
werkelijk ontroerde tot in zijn inwendige
deed hij terzijde de weg
zijn behoefte

kortom
ten lange leste
weer een ervaring—

(from *100 gedichten*, 1969)

een wintermuziek

Hij denkt: het rammelt in mijn arm
hij zegt: het rammelt in mijn arm
en inderdaad: het rammelt
in zijn arm

experience

Leaving this city: engines and grass
make discomfort bearable, the horned cattle
calves within eyeshot, in the dark
head and heart are brought to the table

this enormous bed outside
full of bearing daughters shoddy kisses bloody linen
is as much as the living end
for a poet with hayfever, dying
he still looks for his bursting notebook

in earnest, on an earth of stone among ants
of a very large size, among pine trees being
heaven know fir trees, with popping ears
because at 6,000 feet and moreover anointed
with an 80° heat, amid smells
comparable only to extra
fragrant bath salts, and everywhere and nowhere etcetera
a distance so stern and so soft and so true
etcetera, that he was truly and deeply
moved in his insides
he relieved himself
alongside the road

in short
at long last
another experience—

   — Translated from the Dutch by Peter Nijmeijer

a winter music

He thinks: it rattles in my arm
he says: it rattles in my arm
and yes indeed: it rattles
in his arm

de ernst des levens in een bange heer
die krimpt
en krimpend denkt en krimpt
de ernst des levens is een lekkerbek die eet
en slinkt

hij ligt voltallig in het dons
met oesters zwarte kat kalkoen
hij denkt: dit kan niet eeuwig doorgaan
het rammelt in mijn arm, het krimpt
en inderdaad: hij zegt zeg zeg
wat nu
is napalm—

(from *100 gedichten,* 1969)

zie de dagladen

Schrijvend aan een collega
die mij een gedicht zond over
800.000 gelikwideerde roodhuiden
(zie de dagbladen voor nadere informatie)
dat het niet voldoende is
geëngageerd te zijn als men
een geëngageerd gedicht wil schrijven
godbeter eensklaps een olh-beestje
jong want twee stripjes zit op deze
aprilavond tijdens de boekenweek
onbeweeglijk op de q
van mijn triumph

ik kan het niet gebruiken
wil het, schrijvende wat ik schrijf
en trouwens van huis uit toch niet
bij de 800.000 roodhuiden voegen
bekijk het dus, eveneens onbeweeglijk, bewonder
zijn schoonheid, sputter
symbolisch sekreet, nou nou, die andere
werkelijkheid is wel klein geworden

the gravity of life it is
a frightened gentleman who shrinks
and shrinking thinks says and shrinks
the gravity of life is a gourmet who eats
and dwindles

he lies entirely in feathers
with oysters black cat turkey
he thinks: this can't go on forever
it rattles in my arm, it shrinks
and yes indeed: says he say say
now what
is napalm—

—Translated from the Dutch by Peter Nijmeijer

see the papers

Writing to a colleague
who sent me a poem about
800,000 liquidated redskins
(see the papers for further details)
that it's not enough
to feel socially involved if you want to
write a social poem
my god all of a sudden a ladybug
young since it has two dots on this
april evening during the national book week
motionless on the q
of my remington

I can't use it
don't want to, writing what I write
and anyway by my nature
add it to the 800,000 redskins
so look at it, likewise motionless, admire
its beauty, sputter
symbolic bugger, so so, that other
reality has got pretty small

nochtans het is er, dus ik
integreer het in godsnaam
maar in mijn missive als bewijs uit het ongerijmde
dat geen werkelijkheid op zichzelf staat: 800.000
gelikwideerde roodhuiden vereisen om precies te zijn
30 aanslage
één leven onzelieveheersbeestje (lieve help)
eveneens

vervolgens spatie

dit wordt nadenken geblazen, een glaasje
kan daarbij nooit kwaad, die brief
kan wachten

inmiddels
na 10 minuten gewacht gedacht gepeerd te hebben
het insekt blijkt verwenen, de brief
een open deur—

(from *100 gedichten*, 1969)

waarvan men niet kan spreken

'Waarvan men niet kan spreken
daarover moet men zwijgen'*

dus in feite slechts doenlijk
in feiten, dus ondoenlijk
in taal
zonder ten minste dat onbepaald lidwoord: een

liefde die zonder veel praten
de wereld plat ligt als gras

in de lauwe melk van de avond
was de wereld een park vol kosteloze rozen

nevertheless it's there, so I
integrate it for god's sake
in my missive as indirect evidence
that no reality is an island: 800,000
liquidated redskins require to put it precisely
25 strokes

a single live spotted ladybug (my goodness)
also

after which a space

this will take some thinking, a drink
too wouldn't do any harm, that letter
can wait

meanwhile
after 10 minutes of waiting thinking sipping
the insect turns out to have vanished, the letter
an open door—

    —Translated from the Dutch by James S Holmes

whereof one cannot speak

"Whereof one cannot speak
thereof one must be silent"

so in fact only feasible
in facts, so unfeasible
in language
without at last that indefinite article: a

love that without much talking
flattens the world like grass

in the lukewarm milk of the evening
the world was a park with gratis roses

jij en ik
toen de vulkaan losbarstte
toen de gemeenteraad door de knieën ging
toen de koffiepauze aanbrak

jij praatte voorbij je mond iets over
de draad van ariadne, ik
mij bevrijdend dacht dat ik strikte—

*Wittgenstein: Tractatus: 7

(from *100 gedichten*, 1969)

decor in 3 bedrijven

1

Hetzelfde decor als gisteren
als week
als altijd

de bocht van een landweg die erens naartoe gaat
erens vandaan komt

links een heg van liguster
rechts een heg van liguster
fluitekruid in de bermen, links en rechts

fragment van een lengte
fragment van een cirkel
een rustpunt
een stilstand

hierin haast niet willekeurig
het totaal van de latere lezer, nu even
voorgoed aan de grond genageld

you and I
when the volcano erupted
when the city council gave in
when the coffee break broke

you let your tongue run
away with you babbling about
ariadne's thread, and I
releasing myself thought I'd choke—

—*Translated from the Dutch by Peter Nijmeijer*

décor in 3 acts

1

The same décor as yesterday's
as last week
as always

the bend of a countryroad leading to somewhere
coming from somewhere

left a hedge of privet
right a hedge of privet
wild chervil on the verges, left and right

fragment of a length
fragment of a circle
a resting point
a standstill

now here
almost not at random
the whole of the future reader, just for this instant
permanently rooted to the ground

2

tussen gisteren en nu was het donker
de verandering lag wakker, bewoog niet

men sliep diep tussen twee helften, verschoof
in zijn tegendeel, en misschien

dat men de brug hoorde kraken of doof bleef
voor een slagregen die straks

dat is nu
in het woord slakken bekneld raakt

of tunnel
of bombers

3

vandaag hetzelfde decor
men rust
men staat stil

maar grondiger kijkend door het vergrootglas
van deze lichtval dit tijdstip
ontwaart men eensklaps geblakerd huisraad, afval
uit geen geordende borstkas, foto's
van foto's, vele
elkander betrappende voetstappen en vele vele
gebroken wapenstokken

stuikelend over de knapzak van niemand
prijsegevend bloedplasma leeftocht
gekiekt tussen muren van suiker
verlengend het oog tot een handschoen
denkt men
terwijl de grond als een gat op je toekomt
er is hier gehandeld
buiten mij om

2

between yesterday and today it was dark
transformation lay awake, did not move

one was fast asleep between two halves, shifted
into one's opposite, and perhaps

one heard the bridge creak or remained deaf
to a downpour which later

that is now
gets wedged in the word snails

or tunnel
or bombers

3

today the same décor
one rests
one stands still

but looking deeper into the magnifying glass
of this lighting this instant
one suddenly descries scorched furniture, rubbish
from an organized chest, photos
from photos, many footsteps
trapping each other and many many
broken truncheons

stumbling over nobody's knapsack
conceding blood plasma victuals
snapped between walls of sugar
extending the eye to a glove
one thinks
while the ground like a hole approaches
something was enacted here
behind my presence

en terwijl men herleeft en terwijl men
ogen en oren beurtelings afdekt en doorprikt
herkent men nog net
de wegstervende stilte die hier vaststaat
alsof men

(from *data/décors*, 1971)

dit is

Dit is niet mooi
dit is niet onleesbaar
dit is niet voor kinderen

dit is geen geheimtaal
dit verheft niet het volk

dit is den binnenkant
van je buitendeur, dit ken je
toch: je hand
vergroeid met de klink

op de mat onder je voet
het dagblad het weekblad het maandblad
het jaaroverzicht

het sneeuwt in de hitte
het sterft in de vrede, de letter
heeft alles gegeten niets
is niet waar, niets is verleden, niets
is veteerd—

(from *landschappen en andere gebeurtenissen*, 1974)

and while one relives and while in turn
eyes and ears are covered and pierced
one still recognizes
the fading silence established here
as though one

  —*Translated from the Dutch by Peter Nijmeijer*

this is

This is not beautiful
this is not unreadable
this is not for children

this is no secret language
this doesn't elevate the people

this is the inside
of your outside door, this you must
recognize: your hand
grown to the latch

on the mat under your foot
the daily paper the weekly the monthly
the annual report

it's snowing in this heat
it's dying in this peace, the letter
has eaten it all, nothing is
not true, nothing is past, nothing
eaten away—

  —*Translated from the Dutch by Peter Nijmeijer*

een geur van verbrande veren

Men komt thuis, het is maart, men ontsluit
het verwinterde huis, afzijn gebrek
hebben webben gestrikt, meeëters verteerd, de uil
door de schoorsteen de dood in gedreven

de vloer vol hulpeloos dons, de boeken kalk
wit bescheten, de glazen aan gruizels
op het eeuwige bed een proper karkas
met machtige vleugels

wat heeft men gedaan vandaag?
takken geraapt, de kwijnende vlier beklaagd
vuur gestookt van afval—

(from *een geur van verbrande veren*, 1991)

onleesbaar

Het wemelt stilstand, wit, waaroom, hoe diep
moet men dit zien om zich te aarden delven

om hier te zijn en nu, toekomst die vlees wilde
en zich vergiste, opgedolven spade

sikkel en steenhak haast geworteld, echo
herkauwd door tanden die altijd, geen woorden

dan dit beoogde, blindaas voorjaarszegge
bloedperzik worgpeer nachtegalen, volmaakt

op dit papier dat nu verregent, nu
al weer droog waait, datum, rest onleesbaar—

(from *een geur van verbrande*, 1991)

a smell of burnt feathers

One comes home, it's march one opens up
the wintered house, absence and lack
have knotted webs, consumed freeloaders, driven
the owl through the chimney to death

the floor full of helpless down, the books
shit chalk-white, the glasses in smithers
on the eternal bed a tidy carcass
with huge wings

what did one do today?
picked up branches, bewailed the withering
elderberry, fueled a fire with trash—

—*Translated from the Dutch by Lloyd Haft*

illegible

Stasis teems, white, why, in what depth
must one see this to ground oneself, dig

to be here and now, future that wanted flesh
and erred, dug-upshovel

sickle and stonequare practically rooted, echo
chewed over by teeth that always, no words

other than this the intended, gadfly spring sedge
bloodpeach chokepear nightingales, perfect

on this paper that's now getting rained on, now
blowing dry again, date, rest illegible—

—*Translated from the Dutch by Lloyd Haft*

Lucebert

Lucebert (Lubertus Jacobus van Swannswijk) [Netherlands]
1924-1994

photo CHRIS VAN HOUTS

Lubertus Jacobus van Swannswijk, who took the pseudonym of Lucebert, was born in Amsterdam in 1924. He was raised by his grandmother, a strict Calvinist, on a farm near Amsterdam. His early schooling was interrupted by World War II, at which time was forced into the German occupying army. He was later arrested on suspicion of sabotage, and after being released, he spent the remaining years of the war in underground activities.

During the war he also began experimenting with abstract drawing and painting and a fresh mode of poetry, in order to fight, as he said, "against the degenerate aesthetic concepts which had hindered the growth of a new creativity in the past." Among the "partisans," he met other young writers, and together they founded the Experimental Group Holland in 1948. For the first time, there was a definitive break with the established art and literature of the past. With their constant shifts in meaning, false dénouements, and deliberate ambiguity, the poets of the group went on to revolutionize Dutch letters.

The new poetry sought withdrawal into an existential reality stripped of all metaphysical security and humane veils, where man found himself helpless and naked in the face of loneliness. For Lucebert, such an experience recalls the awareness of being "a breadcrumb on the universe's skirt," and it is in his work that this sensibility finds its most concentrated expression. Often styled the "Emperor" of the Fiftiers, Lucebert's growing reputation as a poet culminated in his receiving the Dutch State Prize for Literature in 1967. He also continued to draw and paint throughout his life.

BOOKS OF POETRY

triangel in de jungle/de dieren der democratie ('s-Gravenhage: Stols, 1951); *apocrief/de analpha-*
betische naam ('s-Gravenhage: Stols, 1952); *de amsterdamse school* ('s-Gravenhage: Stols, 1952);
van de afgrond en de luchtmens ('s-Gravenhage: Stols, 1953); *alfabel* ('s-Gravenhage: Stols, 1955);
amulet ('s-Gravenhage: Stols, 1957); *val voor vliegengod* ('s-Gravenhage: Stols, 1959); *mooi*
uitzicht & andere kurioziteiten ('s-Gravenhage: Stols, 1965); *gedichten 1948-1963* (Amsterdam:
De Bezige Bij, 1965); *drie lagen diep* ('s-Gravenhage: Stols, 1969); *...en morgen de hele wereld*
('s-Gravenhage: Stols, 1973); *ongebundele gedichten* (Amsterdam: De Bezige Bij, 1974); *oogsten*
in de dwaaltuin (Amsterdam: De Bezige Bij, 1981); *de moerasruiter uit het paradijs*
(Amsterdam: De Bezige Bij, 1982); *troost de hysterische robot: Gedichten en een oratorium*
(Amsterdam: De Bejige Bij, 1989); *van de roerloze woelgeest* (Amsterdam: De Bezige Bij, 1993);
van de maltentige losbol (Amsterdam: De Bezige Bij, 1994); *nagelaten gedichten* (Amsterdam:
De Bezige Bij, 2002); *verzamelde gedichten* (Amsterdam: De Bezige bij, 2002)

BOOKS IN ENGLISH

The Tired Lovers They Are Machines, translated by Peter Nijmeijer (London: Transgravity
Press, 1974); *Weapons in the Grass: Selected Poems,* translated by Peter Nijmeijer, James S
Holmes, Scott Rollins and others (Los Angeles: Green Integer, 2006).

kindergeurig kwam zij savonds
in de kamer chinees sprekende planten
wij rookten blind 3 cigaretten
op het naakt matras 2 wangen lampen
licht ging in de donkre kamer

de aarde is
is meesterlijk gebeeldhouwd
roepen smeltend tussen gras en avond
wentelde en streelde
meesterlijk gebeeldhouwd

(from *triangel in de jungle,* 1951)

langzaam begin ik te spelen het spel van de oude
koningen:

opir de zijn volk vergeten
na drie schreden wijn
na twee schreden wijn
al zijn schatten in de zeebuik borg

hassall kruidkoekenproever
zijn leven veil gaf voor nog fijnere specerijen
1000 mijlen her en der
zijn sterke lippen sterkre lippen
oplag oplag en vergat
de grote bakkers van zijn volk

hikkim zoon van moessah
die als kind al achter alle waaiers
weinigbelovend school
3 dagen na het kroonfeest luister
met het laagste lustmeisje laagste
verdween hij in de nevels van de heuvels
...zijn gouden ringen lagen bij de kleine joden

childfragrant she came that night
into the room of chinese speaking plants
blind we smoked 3 cigarettes
on the naked mattress 2 cheeks lamps
light went through the darkblack room

the earth is
is masterly sculptured
a call melting between grass and night
weltered and caressed
masterly sculptured

—Translated from the Dutch by Peter Nijmeijer

slowly i begin to play the game of ancient kings:

opir who forgot about his people
after only three yards of wine
after two yards of wine
stored all his treasures in the belly
of the sea

hassall lover of spiced gingerbread
who sacrificed his life for even more delicate spices
and laid his strong lips
his stronger lips a thousand miles
in all directions and neglected
the celebrated bakers of his people

hakkim sun of mussah
who as a child hid inauspiciously
behind all the women's fans
listen 3 days after coronation
he vanished with the lowest of whores
vanished into the mists of the hills
…his golden rings lay with the jewish vendors

het is alles hetzelfde bij de geweldigen
grijze lippen op grijze lippen
hebben dit gezegd en gezongen

maar naitta eerste en laatste koningin
naitta haatte het licht
in de schemering schreef zij
de 700 onverbeterlijke regels der regering
en stierf als een levende steen

(from *triangel in de jungle,* 1951)

ik tracht op poëtische wijze
dat wil zeggen
eenvouds verlichte waters
de ruimte van het volledig leven
tot uitdrukking te brengen

ware ik geen mens geweest
gelijk aan menigte mensen
maar ware ik die ik was
de stenen of vloeibare engel
geboorte en ontbinding hadden mij niet aangeraakt
de weg van verlatenheid naar gemeenschap
de stenen stenen dieren dieren vogels vogels weg
zou niet zo bevuild zijn
als dat nu te zien is aan mijn gedichten
die momentopnamen zijn van die weg

in deze tijd heeft wat men altijd noemde
schoonheid schoonheid haar gezicht verbrand
zij troost niet meer de mensen
zij troost de larven de reptielen de ratten
maar de mens verschrikt zij
en treft hem met het besef
een broodkruimel te zijn op de rok van het universum

it's all the same story with the great ones
a million dusty lips
have said and sung this

but naitta the first and last queen
naitta hated the daylight
at dusk she wrote
the 700 unsurpassable rules of reigning
and died as a living stone

—Translated from the Dutch by Peter Nijmeijer

i try in poetic fashion
that is to say
simplicities luminous waters
to give expression to
the expanse of life at its fullest

if i had not been a man
like masses of men
but if i had been who i was
the stone or fluid angel
birth and decay would not have touched me
the road from forlornness to communion
the stones stones beasts beasts birds birds road
would not be so befouled
as it can be seen to be in my poems
that are snapshots of that road

in this age what was always called
beauty beauty has burned her face
she no longer comforts man
she comforts the larvae that reptiles the rats
but she startles man
and strikes him with the awareness
of being a breadcrumb on the universe's skirt

niet meer alleen het kwade
de doodsteek maakt ons opstandig of deemoedig
maar ook het goede
de omarming laat ons wanhopig aan de ruimte
morrelen

ik heb daarom de taal
in haar schoonheid opgezocht
horde daar dat zij niet meer menselijks had
dan de spraakgebreken van de schaduw
dan die van het oorverdovend zonlicht

(from *apocrief/de analphabetische naam,* 1952)

er is alles in de wereld het is alles
de dolle hondenglimlach van de honger
de heksenangsten van de pijn en
de grote gier en zucht de grote
oude zware nachtegalen
het is alles in de wereld er is alles

allen die zonder licht leven
de in ijzeren longen gevangen libellen
hebben van hard stenen horloges
de kracht en de snelheid

binnen het gebroken papier van de macht
gaapt onder de verdwaalde kogel van de vrede
gaapt voor de kortzichtige kogel van de oorlog
de leeggestolen schedel
de erosie

er is alles in de wereld het is alles
arm en smal en langzaam geboren
slaapwandelaars in een koud circus alles
is in de wereld het is alles
slaap

(from *apocrief/de analphabetische naam,* 1952)

no longer evil alone
the deathblow alone makes us rebellious or meek
but also good
the embrace that leaves us fumbling in despair
at space

and so i sought out
language in her beauty
heard there she had nothing human left
but the speech defects of the shadow
but those of the earsplitting sunlight

—Translated from the Dutch by James S Holmes

it's all in the world it is all
the mad dog's smile of hunger
the witch's fright of pain and
the great vulture and thirst the great
ancient heavy nightingales
it's all in the world it is all

all those who live deprived of light
the libels imprisoned in their iron lungs
have the power and fastness
of solid stone watches

inside the broken paper of power
yawns under the stray bullet of peace
yawns before the shortsighted bullet of war
the looted skull
the erosion

it's all in the world it is all
poor and narrow and slowly born
sleepwalkers in a cold circus all
is in the world it is all
sleep

—Translated from the Dutch by Peter Nijmeijer

brancusi

robuste bal als een buste
kussen als glazen kogels
obelisken als vliegende vissen
vage vogels als kussen

wufte vleugels
spelen met gewichtige stenen
een spel van stem en stilte

zwanen als besneeuwde tempels
kussen als beschaduwde poorten
drempels tussen lucht en aarde
schuwe zwanen als kussen

(from *apocrief/de analphabetische naam*, 1952)

moore

het is de aarde die drijft en rolt door de menssen
het is de lucht die zucht en blast door de mensen
de mensen liggen traag als aarde
de mensen staan verheven als lucht
uit de moederborst groeit de zoon
uit het vadervoorhoofd bloeit de dochter
als rivieren en oevers vochtig en droog is hun huid
als straten en kanalen staren zij in de ruimte
hun huis is hun adem
hun gebaren zijn tuinen
zij gaan schuil
en zij zijn vrij

het is de aaarde die drijft en rolt
het is de lucht die zucht en blast
door de mensen

(from *apocrief/de analphabetische naam*, 1952)

brancusi

robust ball as a bust
kisses as glass bullets
obelisks as flying fish
vague birds as kisses

frivolous wings
play with weighty stones
a game of voice and silence

swans of snow-clad temples
kisses as shaded gateways
thresholds between sky and earth
skittish swans as kisses

—Translated from the Dutch by Peter Nijmeijer

moore

it is the earth that drifts and rolls through the people
it is the air that sighs and breathes through the people
the people lie inert as earth
the people stand exalted as air
out of the mother's breast grows the son
out of the father's brown blooms the daughter
wet and dry as rivers and banks their skin
as streets and canals they stare into space
their house is their breath
their gestures are gardens
they shelter
and they are free

it is the earth that drifts and rolls
it is the air that sighs and breathes
through the people

—Translated from the Dutch by Peter Nijmeijer

rousseau le dounaier

parijs is twee meter hoger dan mexico
parijs is een grijs zeil
mexico een bonte boot

wij gaan als slangen varen
de familie gaat varen
de moeder draagt een ei
de vader torst een tak

het kind staat en is
de starende maan

(from *apocrief/de analphabetische naam*, 1952)

ossip zadkine

brandende straten zijn de stenen
door de poriën van de stenen zwemmen de vlammen
zij bidden en roepen
springen uit de ontstoken stenen huizen
springen uit de ontploffende wolken
gekletter gekletter gekletter
een regen van kikkers
een hagel van hagedissen
de stenen zijn een regen van bloedende schouders
zijn een stroom van blaffende handen
een stapel van schichtige spieren
zij bidden en roepen
hoor onze ruimte
hoor de drie verschrikte rinkelende triangels van onze
    vluchtende ruggen
zaad spartelt op onze stijgende paden
klimmende klimmende
klimmende zijn de geschrokken zingede stenen:

rousseau le douanier

paris is six feet higher than mexico
paris is a gray sail
mexico a motley boat

we go sailing like serpents
the family goes sailing
the mother bears an egg
the father totes a branch

the child stands and is
the staring moon

—Translated from the Dutch by Peter Nijmeijer

ossip zadkine

the bricks are burning streets
through the pores of the bricks swim the flames
they pray and cry
leap out of the flaming brick houses
leap out of the bursting clouds
rattle rattle rattle
a rainstorm of frogs
a hailstorm of lizards
the bricks are a rainstorm of bleeding shoulders
are a stream of baying hands
a stick of skittish sinews
they pray and cry
hear our space
hear the three frightened jingling triangles of our fleeing backs
seed squirms on our mounting paths
climbing climbing
the startled singing bricks are climbing:

zwevende zwepen zijn de stenen
fluwelen snaren zijn de stenen
niet tegenstrijdig zijn de stenen
niet tegenstaande de tweedracht
de stenen bloeden en genieten
een steekvlam is hun schaduw
hologig is hun welvaart
op violen spelend zwarte explosies
in peau-de-pêche holen vechtend
vechtend met blauwe vleugels
de stenen vallen en vallen
vliegen vliegen vliegen
hier is muziek
en daar is met donkerer knokels kloppen
hier is rust en liefde
ginds van distels drift en pijn is
gebouwd de minzieke ruimte

biddende spieren spinnewielen gewonde winden
brandende steden zijn de stenen

(from *de amsterdamse school,* 1952)

ab ovo

aan iulia dochter uit het 2de huwlijk v. augustus

van buiten het eiland
het gemurmul van de buurman
het gemurmul van de buurman
het gemurmul van de buurman

sla nu op de letters
de holle lichtschuwe letters
knuppelrode lippen op en neer
hier is geen huis heen tuin
de voorbijgangers zijn zacht ingegraven
in modder in aardzieke schaduw

the bricks are hovering whips
the bricks are velvet strings
the bricks are not in contradiction
notwithstanding discord
the bricks bleed and enjoy
their shadow is a tongue of flame
their welfare is hollow-eyed
playing black explosions on violins
fighting in suede-leather caves
fighting with blue wings
the bricks fall and fall
fly fly fly
here is music
and there is a knocking with dark knuckles
here is rest and love
yonder is built from thistles passion and pain
the lovesick space

praying sinews wheels wounded winds
burning bricks are the streets

—Translated from the Dutch by James S Holmes

ab ovo

to Julia daughter from augustus' 2nd marriage

from outside the island
the murmuring of the neighbor
the murmuring of the neighbor
the murmuring of the neighbor

now beat against the letters
the hollow light-shy letters
up and down your club-red lips
there is no house no garden here
the passers-by are softly buried
in mirth in earth-sick shadow

en het is allemaal schrijven op huilen
bij hen de heldhaftige minnaars
een gouden kuil in de regen
hebben zij gespit met pipse
degens en verkouden kuchende zwaarden

jij iulia bent een beter schrijfster
dan de schrijvers van
'de veldtocht der vogels' of
'het slagveld der libellen'

nadat je had nauwkuerig de 9 glazen mist genoteerd
waarin het stenen tirannenhoofd vernevelde
liet je de tienduizend knapen komen
en in een bos van klamme handen
wierp je je koninklijke borsten
die genoemd zijn:
de onktetende knaagdieren van haar hart
en meisjes bloesems
vertelde je de geheime aandacht van de vader
en je gaf hen je tak van rozensiroop en hiasintensap
die genoemd is:
het koninginnerapier

gefluisterd ook:
reeds in het ei je neuriede
het schadelijk loflied op de keizer
en gelasterd is:
het eerste wereldlicht waaraan je je ogen sloot
heb je schreeuwend verweten:
dit stinkt
en met luider stemme gezegd werd:
in het zand voor de knapenkrijgsschool schreef je
met de vinger van een roodharige adelborst:
'tegen tien regels één lege richel
onder waarschuwers één waarschuw
en op talloze oppassen één onpas'

and it is all writing virtually weeping
among these the heroic lovers
they dug themselves a golden pit
in the rain with their haggard
blades and hacking swords

julia are you a better writer
than the writers of
"the campaign of the birds" or
"the battle of the dragonflies"

after you had precisely listed the 9 glasses of mist
in which the stone head of the tyrant slowly turned to haze
you sent for the ten thousand boys
and into a forest of clammy hands
you threw your royal breasts
that are known as:
the unchained rodents of her heart
and girl's blossoms
you told of the secret attentions of your father
and gave them your stalk of rose hip and hyacinth sap
that is known as:
the queen's rapier

it is also whispered:
even in the ovum you hummed
the detrimental hymn to the emperor
and it is slandered:
you reproached
the first light of the world you closed your eyes to
screaming: it stinks
and in a loud voice it was said:
in the sand in front of the military college you wrote
with the finger of a red-haired cadet:
"against ten rules one empty ledge
among warners one warning
and on numerous rulers one unruly"

(men heft verklaard:
dit alles mag niet met DE WERKEN vergeleken worden)

over de wrakhouten de golven
over de halfvermolmde golven
met het geblakerde boek
boek van het wanbeheer
verbannen ben je iulia
tussen de weerspannige spreuken
laat de eenzame geest zijn teken trillen
zijn teken is heerlijkheid die geen einde heft gezien
heerlijkheid heft zij gezien
zij die geen einde heft gezien

het gemurmul van de buurman
het gemurmul van de buurman
het gemurmul van de buurman
iuliaiuliaiulia

(from *de amsterdamse school,* 1952)

de rivier

uit al haar armen brandt de rivier onder de rotsen
en onder de kleine zon boven de bossen
spuwt naar tellurische wortels naar de start van de wolk
en met gesperde muil dwars door deinende scherven zij zwemt
met grillige warmte over de wereld

in duisternis dicht bij haaar buik buigen gulzige bloemen
en daar is een hol en een poel en het kraken en zoemen
van een paar draken in de avond niet veraf op een graf
staande een uil start naar een glazen galg daar grof
gebouwde rotsen omringen de melodische afgrond

ach altijd en altijd hangen natte tongen aan de trieste bergen
gespleten tongen getande tongen en opgeblazen
ronkende tongen en in de dalen in de stenen en lemen cocons

(it has been stated:
this may not be compared to THE WORKS)

over the wreckage the waves
over the half-moldered waves
with the charred book
the book of maladministration
you are banished Julia
among refractory maxims
let the lonely spirit quiver his token
his token which is magnificence without end
she has seen magnificence she
who has seen no end

the murmuring of the neighbor
the murmuring of the neighbor
the murmuring of the neighbor
iuliaiuliaiulia

—Translated from the Dutch by Peter Nijmeijer

the river

out of all its arms the river burns beneath the rocks
and under the little sun over the woods
vomits toward telluric roots towards the cloud-tail
and with dilated muzzle straight through the heaving shards it swims
with capricious warmth across the world

in darkness near its belly voracious flowers bow
and there is a hole and a pool and the cracking and humming
of a couple of dragons not far away in the evening standing
on a grave an owl staring at transparent gallows while coarsely
built rocks surround the melodious abyss there

wet tongues ah ever and always hang against the dismal mountains
split tongues toothed tongues inflated
droning tongues and in the valleys in the stone and loam cocoons

academisch zingende mannen manmoedig wanhopig
zingende mannen en vrouwen vaag draperend de ruimte

maar een adder de lichtgeaderde rivier spartelt en
knaagt aan het wenende vlees van de wind
wat geeft klagen? sneeuw sneeuwt over vervaarlijke
en ook over bedaagde ogen en alles raakt los in de nacht
voortstromende argeloos tomeloos maar niet verlost
van de klagende nacht

(from *van de afgrond en de luchtmens,* 1953)

nazomer

ik heb in het gras mijn wapens gelegd
en mijn wapens gaan geuren als gras
ik heb in het gras mijn lichaam gelegd
mijn lichaam is geurig als hout bitter en zoet

dit liggen dit nietige luchtige liggen
als een gele foto liggend in water
glimmend gekruid op de golven
of bij het bos stoffig van lichaam en schaduw

oh grote adem laat de stenen nog niet opstaan
maak nog niet zwaar hun wangen hun ogen
kleiner gebrilder en grijzer

laat ook de minnaars nog liggen en stilte
zwart tussen hun zilveren oren en ach
laat de meisjes hun veertjes nog schikken en glimlachen

(from *van de afgrond en de luchtmens,* 1953)

academically singing men so manfully desperately
singing men and women vaguely draping space

but a viper the fine-veined river flounders on and
gnaws at the weeping flesh of the wind
what is the use of the wailing? snow snows across tremulous
and aged eyes to boot and everything disperses in the night
streaming guilelessly unrestrained though unreleased
from the wailing night

—*Translated from the Dutch by Peter Nijmeijer*

indian summer

i have laid my weapons in the grass
and like grass my weapons come to smell
i have laid my body in the grass
my body is fragrant like wood bitter and sweet

this lying down this futile fragile lying down
like a yellowed photo doubled drifting
on the water glistening on the waves
or by the forest dusty of body and shade

o great breath let not the stones rise yet
do not weight their cheeks their eyes
not smaller glassier grayer

let the lovers rest a while and the silence
black between their silver ears and ah well
let the girls settle their fathers and smile

—*Translated from the Dutch by Peter Nijmeijer*

dood van de vliegengod

ik kus de beruchte vlieg
die zelfs bergen bederft
en noem hem beëlzebub

op zijn bevel voed ik
tienduizend duivels
mijn luchtruim is
zowel stal als graf

hij danst in zijn giftige stoel
gouden tressen rond zijn pens
bevuilt de zon de bril waadoor hij
sterren ziet rijzen en dalen naar wens
heel het heelal en mij bedwelmt hij
met zijn pummelig gebrom

geen klok heeft mij mak geslagen
geen vuurwater heeft mij uitgedoofd
geen zaligmaker maakte mij lamlendig
maar vliegenalmacht heeft mij aangeboord

goed en kwaad morst hij
met zijn flamboyante slurf
naast de trop van mijn lichaam

nog lig ik in hinderlaag
eens met een krant van vandaag
verpletter ik de animophaag

(from *val voor vliegengod,* 1959)

death of the lord of the flies

i kiss the notorious fly
who can spoil mountains
and name him beelzebub

at his command i feed
ten thousand evils
my atmosphere is
both a stall and a grave

he dances in his poison chair
golden braids around his gut
befoul the sun the glasses through which
he sees stars rise and fall in rhythm
he controls the universe and me
with his boorish buzz

no clock has ever tamely beaten me
no firewater has douse me
no savior made me miserable
but flies' omnipotence has bored into me

he spills good and bad
with his flamboyant trunk
near the trough of my body

i lie in ambush
suddenly with today's newspaper
i shatter the soulfeaster

—Translated from the Dutch by Larry Ten Harmsel

wat het oog schildert

het drunken oog het is koppig en sterk voor het menselijke hoofd
het ziet dwars door het gasmasker van het schrikbeeld
het zout brood van zijn voedzame horizon

het lichte oog huilt kleuren het lijmt bloemen
op het verloren profiel van de zieke
het kussen is nat van kleuren van golvende zwemvogels
en de wolken schreeuwen als varkens in het bloed van de zee
en de grote gewonde, de zandman, de waterdrager
hij spuwt lood en oliën overal op de wenteltrappen van het licht

als de werkelijkheid losbreekt
in een oog vol collages en surrogaten
worden er met een enkel schildersmedium hele beeldengroepen
vele bouwmeesters met de vijfsnarige archimedes in de goocheltas
en legers van gemene gidsen, dwarskijkers en al de grote
     sachverständiger met hun slakachtige neuzen
weggewist

naarmate het oog meer en beter ziet
wordt het een steeds bontere vleesetende kaleidoskoop
licht wordt meer en meer levenssap de kus van de zon
een lasapparaat in de handen van een diepzeeduiker

elk oog is een wandluis in het enorme alhambra van de droom
en tegelijk een pauwenei vol onbetaalbare gouden realen
in elke zinnige hand is ook een oog gevlochten
waarmee handen onzichtbare lichamen kunnen ontwerpen en
     waar maken

het oog van een minnaaar is een mijter op het hoofd van een
     vuilbek
zo'n oog spuit zachte rotsen uit over het moeras
dat een stad vol blinden volkomen omsluit
het oog van de minnaar bestaat om de blinden te redden

(from *mooi uitzicht & andere kurioziteiten*, 1965)

what the eye paints

the drunken eye it is stubborn and strong for the human head
it sees straight through the gas mask of the deterrent
the salt bread of its nutritious horizon

the light eye it cries colors it pastes flowers
to the lost profile of the sick
the pillow is wet with colors with heaving seabirds
and the clouds scream like pigs in the blood of the sea
and the mighty wounded one, the sandman, the water-carrier
he spews lead and oil all over the winding stairs to the light

when reality brakes loose
in an eye full of collages and surrogates
whole groups of statues many master builders
with the five-stringed archimedes in their bag of tricks
and armies of mean guides, snoopers and the great experts
    with their snailish noses
are wiped off
with a single painter's medium

the more and the better the eye sees
the more it becomes a multicolored carnivorous kaleidoscope
light more and more becomes life-sap the kiss of the sun
a welder in the hands of a deep-sea diver

every eye is a bedbug in the dream's immense alhambra
and simultaneously a peacock's egg full of invaluable gold reals
in every sensible hand is also twined an eye
with which hands can design and materialize invisible bodies

the lover's eye is a miter on the head of a foul-mouthed rake
an eye that squirts soft rocks across the marsh
that completely surrounds the city of the blind
the lover's eye is there to save the blind

—*Translated from the Dutch by Peter Nijmeijer*

in memoriam willem reijers

er is geen beeld van de dood er is alleen
het levende beeld van de opgeheven hand
die een glas bier omvat of een rug van klei
of de hamer die korte metten moet maken
met de overtollige ruimte. er is
binnen mijn warm vel de wereld fel
waarin het altijd goed was stevig te staan
snel te gaan over de snelweg
stevig te staan tussen voortrazende vluchtige vormen
snel te grijpen naar een stevig lichaam dat zowel
in je geest als in je handen thuis hoort

en elk nieuw geschapen beeld
standbeeld of denkbeeld
moest zijn de thuiskomst met mij
van een nieuwe vriend waarmee ik onderweg
snel vertrouwd raakte
vriend die thuis lachte met mij
om al de overgangen en bochten met levensgevaar genomen
en die dan zei met mij: – hir ben ik
er is geen ander beeld van de dood
dan een levend beeld –

(from *mooi uitzicht & andere kurioziteiten,* 1965)

in memoriam willem reijers*

there is no image of death there is only
the living image of the upraised hand
surrounding a glass of beer or a back of clay
or a hammer to make short shrift
of superfluous space. there is
inside my warm skin the ferocious world
where it always was good to stand firm
to drive fast along the highway
to stand firm between fleet, racing forms
to grab fast as a firm body that belongs
in your hands as well as your mind

and every newly created image
statue or metaphor
would have to be the way I came home
with a new friend I had quickly
got to know on the way
a friend who at home laughed together with me
at all the curves and crossings taken at the risk of our lives
and then said with me: —here I am
there is no other image of death
than a living image—

—*Translated from the Dutch by James S Holmes*

*Willem Reijers (1910-1958) was a Dutch sculptor best known for his Resistance monument of a gigantic upraised hand. Reijers spent his last years in the village of Bergen, near the coast north of Amsterdam, where Lucebert also lived.

aan elke slaaf een duiventree om het licht in te trappen van zijn ondergang
aan elke pisbuis een priester
aan elke vagina een pater
bruggen van academies bloed
gedragen door te korte hartslagen

dit is boosheid
een stem hebben in een stortvloed van omarmingen
spelevaren op een lange langzame rivier in een logge onderwereldse
beerput
zeker weten de wereld stinkt
stinkt onder een stinkende engel
een engel met zijden sokken en een fijne schrijvershand
die alleen kreten optekent
partituren van zuigelingen
librettoos van zalige kwaadaardigen en
etudes van tachtigers
het lawaai van de wereld die zich bekreunt onder een stapel dwarsliggers

de engel
die de urinevaten aanstampt met rechters brigadecommandanten
banklopers en gros

ja
aanstampt alle
steunpilaren van de staat
de staakengel

in zijn dienst zijn tans contingenten van
snelsmeden en dichters die de onderaardse boom
ontbloten
naakt maken de verwarde taken van de op stelten staande kuisheid
die als klimop klimt overal inkijkt
overal inboort met doornenogen
gedekt onder een blad geldige penningen leeg laten bloeden
o m d a t d i t s t i n k t
o m d a t d i t s t i n k t
o m d a t d i t l e k k e r s m a a k t
smikkelend tot op het skelet van het ding an sich

on every slave a pigeon loft to kick in the light of his decline
on every pissing valve a priest
on every vagina a father
bridges of academic blood
borne by too sudden heartbeats

this is anger
: to possess a voice in a torrent of embraces
to go boating on a long slow river in an underworld's lumbering cesspit
to know for certain this world stinks
stinks under a smelly angel
an angel in silk stockings and with a fine writer's hand
who records only clamor
scores of sucklings
librettos of the blissful malicious and
études of octogenarians
: the noise of a world groaning under a pile of crossbeams

the angel
who rams down the urine vessels with wholesale judges
brigadiers bank messengers

yes
with the stake
the angel
who rams down all the pillars
of the state

now in his service are contingents of
impromptu blacksmiths and poets who bare
the subterranean tree
who denude the tangled branches of chastity standing on stilts
the chastity that climbs like ivy and peeps in everywhere
that bores its thorny eyes into all and everything
buried under a leaf let valid pennies bleed to death
b e c a u s e   t h i s   s t i n k s
b e c a u s e   t h i s   c o u n t s
b e c a u s e   t h i s   t a s t e s   n i c e
slobbering down to the *ding an sich*

t

  o

   t

    o

     p

      d

        e navelbodem van de beeldenaar

de beeldenaar die in een hol heelal rammelt
rammelt met zakken vol lasthebbers
achter de jacht aan
achter de vlucht van de geduldige in kamgaren wanten gehuide
jakhalzen
      die bezetten boston

9000   jakhalzen
                zwemmen naar boston
de boeroeboedoer der bourgeoisie

(from *ongebundele gedichten,* 1974)

de verdediging van de provo's

de toestand was te schemerig dat wij niet verdwenen
er waren te veel woorden voor deze gezichten nat van zweet en
    angst
er waren gezichten die lachende de dood dienden
met snelle ontploffende gewrichten aan de kaken
met rondborstige tongen op bedden van beton gebonden
met gezichten die nooit schaduw zijn voor wie het heet heft
met gezichten vol tepels met bloeddorstige biggen drinken
met de eeuwige hete ui onder het voor altijd geopende oog
'het oog van een provo zal zijn een voor altijd gesloten navel
op onze vatte overvloedige buik.'

d
  o
    w
      n
        t
          o
            t
              h
                e navel-floor of the effigy
the effigy rattling through a hollow universe
rattling with sacks full of mandataries
pursuing the chase
chasing the flight of these stoic (yet dressed in worsted mittens)
jackals
        possessing boston
9,000   jackals
                      swimming to boston
the borobudur of the bourgeoisie

—Translated from the Dutch by Peter Nijmeijer

the defense of the provos

the situation was too obscure for us not to vanish
there were too many words for those faces wet with sweat and fear
there were faces that served death laughing
with quick exploding joints to the jaws
openhearted tongues tied to beds of concrete
faces that never are shade for overheated people
faces full of nipples for bloodthirsty pigs to drink at
with the omnipresent hot onion beneath the eye forever opened
"the eye of the provo shall be a navel forever closed
on our fat affluent belly."

gesloten ogen als pittoreske tegels waarover men kletterend loopt
op een keurig geboend gezicht (worldpress) zet men geen vette laars
maar in een vette laars zet men een stevige man
die goed slaan kan

alternatief: men zet de regering af en foltert de waarheid
uit al deze hermeties gesloten koppen die haar verzwegen
jaren lang? eeuwen lang? waar is de sneeuw van de zomer?
waaar is het kapitaal van onze nietsnut en waar waar
zijn gebleven al die sterke armen van de lamlendigen?
waarheid is: te veel heft men gedaan om te weinig te doen
waardoor het zover kwam dat arbeiders boerden
machines loeiden als koeien
de grote computer ten leste kakelend zijn windei lei
en was er nog steeds van vrouwen en mannen in portieken van
    pa's en ma's gevrij

de waarheid is we hebben niet zozeer bewapend tegen russen en
    chinezen
maar tegen bloedjonge jongens en meisjes die het spelen en
    dansen verstaan
de waarheid is de grootste vijanden van deze tijd zijn:
kerels die middels misplaatste illustraties onze ogen als eieren
    uitzuigen
kerels die slapend hun verveelde vrouw meenemen naar weer zo'n
    recital
kerels die stelselmatig picasso '39-'45 uit hun ogen verbannen
kerels de hardnekkig negermuziek zeggen als ze armstrong parker
    coltrane bedoelen
kerels voor wie 'blanke muziek' maar tot aan de heroïse harteklop
    van beethoven reikt
kerels die o. wilde wel een stoutert willen noemen
kerels die kaartenhuizen bouwen voor wie toch niet meer mogen
    spelen
kerels die het weer niet willen veranderen
kerels die alleen de lonen prijzen als ze lag zijn
kerels die dichters honoreren die ze nooit hebben aangehoord of
    gelezen

eyes closed like picturesque tiles to be walked over clattering
a neatly scrubbed face (world press) is not the place to put a fat boot
put a fat boot instead on a husky man
who knows how to hit

alternative: unseat the government and torture truth
out of all these heads hermetically sealed that have left it unsaid
for years? for ages? where are the snows of summer?
where is our idleship's capital and where where
have all the strong arms of the weak-kneed gone?
truth is: too much has been done in order to do too little
so things would come to the pass that workers burped
machinery mooed like cows
the vast computer cackling at last laid its wind egg
and still there were men and women in pa's and ma's porticos
    lovemaking

the truth is we weren't so much arming against russians and chinese
but against green boys and girls who know how to play and dance
the truth is these times' worst enemies are:
fellows who use misplaced illustrations to suck out our eyes like eggs
fellows who sleeping take their bored wives to yet another recital
fellows who systematically banish picasso '39-'45 out of their sight
fellows who persist in saying negro music when they mean armstrong
    parker coltrane
fellows for whom "white music" reaches no further than the heroic
    heartthrob of beethoven
fellows who refer to oscar wilde as naughty boy
fellows who build houses of cards for people no longer permitted
    to play
fellows who don't want to change the weather
fellows who commend the wages only when they're low
fellows who grant awards to poets they've never heard or read

kerels die denken dat hun god is de vriend van iedereen
kerels die denken dat zij sterker zijn dan sommige ideeën omdat
   zij eens wat kleurlingen overhoop hebben mogen schieten
kerels die met vork en mes het varken van hun wellevendheid
   slachten
kerels die allemachtig sterk zijn met een heel sterke slaaf voor hun
   deur
kerels die de vele geode architekten van ons land nooit een kans
   gaven bij town & industryplanning
kerels die steeds hun eigen dood oog als een zon op zien gaan
kerels die aanbidden de zon van een vorstenhuis de pas opging
   toen het al nacht werd
kerels die nog steeds niet weten dat onze nationale klokken geen
   klepels behoeven om het laatste uur te slaan

om deze bittere waarheid huldig ik de prov's, witte helden van
   een te winnen wereld

(from *ongebundele gedichten*, 1974)

de indigo-eter

wolken als wolven boven de gebraden bergen
en in mijn duistere kamer buigt de tafel
met de duiven in het dal met de kruiken
vol late tranen en aan de kim verkleurt
het socialisme: povere vrucht van vaak vasten

als ik maar even loop naar het geopende raam
een diamanten mond door de maan beademd
krijg ik steevast slapeloze handen van't vermogen
te slechten maskers op zolders en het jubelend
tremolo van de overproduktie: de fatale fontein

niets heeft mij gelouterd ik hoorde de lamme
fluisteren: raak mij niet aan als ik sterf
en achter de gouden gordijen van de ochtend
de lichte kreten van de bruiden tussen roofzucht

fellows who think that their god is everybody's friend
fellows who think they are stronger than some ideas because they once
   had the privilege of shooting down a few orientals
fellows who slaughter the hog of their good breeding with knife and fork
fellows who are almighty strong with a very strong slave at their door
fellows who never gave all the country's good architects a chance in
   town or industry planning
fellows who constantly see their own dead eye rising like a sun
fellows who worship the sun of a dynasty that did not rise till after
   night had fallen
fellows who still don't realize that our national bells need no tongues
   to toll the last hour

because of this bitter truth I sing the praise of the provos, white heroes
   of a world to be won

    —Translated from the Dutch by James S Holmes

the indigo eater

clouds like wolves above the roasted mountains
and in my dark room the table sagging
with the grapes in the valley with the crocks
full of tardy tears and on the horizon
socialism fades: meager fruit of often fasting

all i have to do is just walk to the open window
a diamond mouth breathed upon by the moon
to be sure to get sleepless hands from the power
to demolish masks in attics and the jubilant
tremolo of overproduction: the fatal fountain

nothing has purified me i heard the paralytic
whisper: do not touch me when i die
and behind the golden curtains of morning
the slight cries of the brides between rapacity
and the reception with much flesh: the gospel

en het onthaal met veel vlees: de heilsboodschap

zeker er is nog veel om af te wegen nog steeds
leeuw of uitsmijter met knopen in de ogen
en kreupelhout in de kont sta je dik vermomd
of ingesneeuwd hoog op dak met wat gebedeld licht
maar de onafwendbare orkaan van geneugten de toekomst
staat ongedwongen staat op springen in je gezicht

(from *oogsten in de dwaaltuin*, 1981)

for sure there is still a lot to weigh
lion or bouncer with knots in the eyes
and underbrush up the ass you're well disguised
or snowed-in high on the roof with some panhandled light
but the inevitable hurricane of delights the future
is easygoing is ready to explode in your face

—Translated from the Dutch by Scott Rollins

Sybren Polet

Sybren Polet (Sybe Minnema) [Netherlands]
1924

Sybren Polet is the pseudonym of Sybe Minnema, who was born in Kampen in 1924. Although counted among the Fiftiers, Polet has always been somewhat of an outsider within the group. His poems have been distinguished from the start by a more explicit and complex imagery. Both a poet and a novelist, he has traveled extensively, and the early 1950s found him living in Stockholm, where he made translations of modern Swedish poetry and a number of Strindberg's plays, besides editing two very early anthologies of science fiction.

Polet's poetry, in fact, derives some of its major themes from the sphere of speculative fiction—principally the concepts of metamorphosis and rebirth. One of his books of poetry, *Geboorte-Stad* (Native Town) bears Paul Éluard's phrase, "Our birth is perpetual," and another of Polet's books, *Persoon/Onpersoon* (Person/Unperson), Virginia Woolf's pronouncement: "I am made and remade continually. Different people draw different words from me." These notions are connected as well to a social consciousness, a sense of one's fellow man as another "I." Polet's techniques of objectivism and his complex verbal transformations at times parallel methods of modern technology, in an attempt to abolish the difference between poet and apoetic spheres of language.

BOOKS OF POETRY

Demiurgasmen (Amsterdam: U. M. Holland, 1953); *Organon* (Amsterdam: U. M. Holland, 1958); *Geboorte-Stad* (Amsterdam: De Bezige Bij, 1958); *Lady Godiva op scooter* (Amsterdam: De Beuk, 1960); *Konkrete poëzie* (Amsterdam: De Bezige Bij, 1962); *Persoon/Onpersoon* (Amsterdam: De Bezige Bij, 1971); *Illusie & Illuminatie* (Amsterdam: De Bezige Bij, 1975); *Gedichten I* (Amsterdam: De Bezige Bij, 1977); *Taalfiguren 1 & 2* (Amsterdam: De Bezige Bij, 1983); *Taalfiguren 3 & 4* (Amsterdam: De Bezige Bij, 1995); *Gedichten 1948-1998* (Amsterdam: De Bezige Bij, 2001)

Masjienale gedichten VII

Roep nu de dieren,
roep ze, roep ze
allen: de metalen muis, het lieve hert van tin,
    de kinderen en de 1000 kleine olifantjes van plastic,
roep ze, roep ze en laat ze allen
spelen

En het licht,
roep ook het licht, roep
de elektries opgewonden zon met zijn vele vele branduren
zijn gouden torren en vlinders
zijn sterren aan de bomen
zijn wolken onder de bomen
en vergeet de wind niet
de wind met zijn zachte gezicht
zijn gezicht van mensenhaar,
roep ze, roep ze allen en laat ze
spelen spelen

Indien ik het geloof had van een robot
en het harde geduld van een rekenmasjiene
ik werkte de aarde gelukkig,
ik werkte de aarde gelukkig en ieder mens
een beter ketter

——

Indien ik de wil had van een wals
en die vitaliteit van een pletmasjiene
ik strekte mijn stalen arm
ik strekte mijn lévende arm

en sloeg de aarde gelukkig—

(from *Organon,* 1958)

Machine Poems, VII

Call the animals now
call them, call them
all: the metal mouse, the dear tin deer,
    the children, and the 1000 small plastic elephants,
call them, call them and let them all
play

And the light,
call the light too, call
the electrically wound sun with its many many
    hours of burning
its golden beetles and its butterflies
its stars on the trees
its clouds under the trees
and don't forget the wind
the wind with its soft face
its face of human hair,
call them, call them all and let them
play, play

If I had a robot's faith
and the hard patience of a calculator
I would make the earth happy,
I would make the earth happy and every man
a better heretic

—

If I had the will of a waltz
and a steamroller's vitality
I would stretch my arm of steel
I would stretch my living arm

and beat the earth happy—

    —Translated from the Dutch by André Lefevere

H-bom

Diezelfde dag nog,
toen wij samen
op een straathoek stonden te regenen,
nietsnuttend,
kleumend,
langzaam maar zeker verkleurend
in een wereld vol tochtige voorbijgangers voorgijgangers
—het asfalt kefte als een fiets; drie vier
slanke fosforvogels zweefden geruisloos uit een openstaade etalage;
in trams vol rijzige paddestoelen weerlichtte het
en ergens brulde een enorme foto, met een mond als een hond
'Sta stil; wil!'—diezelfde dag nog,
met een geraas als van ijzerwater
en armen van krijsend licht
brak een der hartstochtelijke
metalen zonnen door. Toen,
de eeuwenoude bomen van geboorte, huizen van vlees en bloed,
bomen onpasselijk van geboorte, haringstalletjes, lantarens,
wijze vreemdelingen,
vreemdelingen wijzer dan alle bomen van geboorte—
vergeestelijkte stadsmeeuwen, standbeelden als dode akteurs
                              onwettige agenten.
alles wat in een 1-sekonde stad is te zien
ving aan te trillen
en ik herkende het niet.
Ik herkende het niet; ik herkende niets;
ik had mijn schaduw verloren
als de stad zijn verliefde konkrete muziek.

                              Hij zag nog
hoe voetgangers vloeiden die hij herkende
in elkaar, wazig, tevreden pratend
met de ogen van een ander. Het regende ogen. Hij zag het; motoren,
luidkeelse engelen zelf, wiekten als hem vreemde verbaasde
engelen hun eigen gele verschijningen
voorbij; de doden stonden op; standbeelden stonden op; wandelden,
die nooit gelopen hadden, over de perken, lichtten
hun hoed op, die nooit geleefd hadden.

H-Bomb

That very same day
while we stood raining together on a
streetcorner, shivering,
hanging around,
slowly but surely fading
in a world full of drafty passers-by passers-by
—the blacktop barked like a bike; three or four slender
phosphoric birds soared soundlessly out of an open show window;
it lightninged in streetcars full of towering mushrooms
and somewhere an enormous picture with a mouth like a dog
bawled "Stand still; will!"—that very same day,
with a roar like ironwater
and arms of shrieking light
one of the passionate
metal suns broke through. Then
the age-old trees of birth, houses of flesh and blood,
trees sick with childbirth, herring stands, streetlights,
wise strangers,
strangers wiser than all the trees of birth—
etherealized city gulls, statues
like dead actors, illegal policemen,
everything there is to be seen in a 1-second city
began to vibrate and I
couldn't make it out.
I couldn't make it out: I could make out nothing:
I had lost my shadow,
like a city its lovesick concrete music.

                                        He could still see
the pedestrians he could make out flowing
into each other, blurred, contentedly talking
with another's eyes. It rained eyes. He saw it; motors,
rowdy angels themselves, winged like surprised alien-to-him
angels past their own sulphuric manifestations;
the dead rose up; statures rose up; walked
who never had walked, across the flowerbeds, lifted
their hats, who never had lived.

En plotseling had iedereen te eten: vuur, geest, meer vuur; steen—
te drinken.—Toen, als laatste
ook de stationsklok verhief zich, sirkelde stralend
de hemel in, met een gezicht als een hyacint,
een gezicht als een vroeg grijze, vroeg kalende zon...

De droevige masjienes bleven nog even onweren.
Daarna werd het stil;
stil.—Diezelfde dag nog, als enig onzichtbaar overlevende
liep ik verder, de heuvels in; ik regende;
ik speelde met een idee. Ik was
een bijna vloeibare, nutteloze gedachte.

(from *Geboorte-Stad,* 1958)

Teoreties

Mijn poëzie is beïnvloed door het marktwezen, door de krant
:papieren vrede, oorlogen van telex en annex—
uw taal is mijn konkrete muziek is mijn spraak.

Geen openbaringen bezit ik
anders dan die van de toekomstroman;
uw wetenschappelijke dromen zijn mijn geloof,
en mijn lachend ongeloof.

Hoewel ik in kontakt sta met het water
mijd ik het hoger vliegend vuur niet
en beweeg mij graag door een hemels woud
van aardse benen.

Ik ken die mij herkent: innerlijke fotografie.
Onder het knippen van mijn pupil gaat het doodste beeld leven.
Maar het beeld dat spreekt spreekt met uw mond: ik wórd gesproken.
En ik geloof erin omdat ik het geschreven heb.

(from *Konkrete poëzie,* 1962)

And suddenly everyone had food: fire, spirit, more fire; stone—
and drink.—Then, last of all,
the station clock too alofted itself, circled radiantly
into the sky, with a face like a hyacinth,
a face like a prematurely gray, balding sun...

The sad machines went on thundering for a while,
then there was silence;
silence.—That very same day, the only survivor invisible,
I walked on, into the hills; I rained;
I toyed with an idea. I was
an almost futile, fluid thought.

—*Translated from the Dutch by James S Holmes*

Theoretical

My poetry is influenced by the stock market, newspapers
: paper peace, wars of figures and batteries—
your idiom is my concrete music is my speech.

I have no revelations
but those of the futuristic novel;
your scientific dreams are my faith
and my sniggering lack of faith.

Though I'm in contact with the water
I do not shun the higher-flying fire
and preferably move through a celestial wood
of very terrestrial legs.

I know those who recognize me: inner photography.
At the snap of my pupil the deadest image comes to life.
But the image that speaks speaks through your mouth: I am spoken.
And I believe in it because I've written it.

—*Translated from the Dutch by James S Holmes*

Wij-materie

Ik zeg. Zeg niets. Niets zeg ik dan: Wij. Het splijt
dikwijls maar is, immers heeft een soort. gewicht
van 34.3, atoomnummer 2 : 2 protenen (jij
en ik), 2 neutronen (?) en een heel kleine neutrino.
Onder het uitzenden van een λ-deeltje
ontwikkelen wij een zo sterke erotiese warmte
—gelijk aan zes volledige echtparen in hun eerste graad
van kennismaking—dat wij materiemystici oplossen
in licht. Neutraal is de witheid
die niets omringt, niets is, niets
wil.
Geen astrofysikus zweeft voorbij. Geen supersoniese engel
ruist. –Geen adem, geen adat, geen Adam.

(from *Konkrete poëzie*, 1962)

Hij-man

1

Ik ken (vermoed hem wel—
    wellicht draagt hij een *Audium hoorbril 1200*,
    uitgerust met 3 weerstandgekoppelde transistors
    en een zeer gevoelige luisterspoel,
zo hoort hij mij op grote/normale afstand.
Zijn stem *(Wow & Flutter* minder dan 0.1% bij
    5000 Hz / *Rumble & Hum* verwaarloosbaar
    klein)
        is helder en doordringend,
ook als hij raast, tiert, zingt, vloekt, boert,
of over door de regering gevorderde radio-
zendtijd beschikt. En ook wellicht
—of vrijwel zeker—met zijn fijngeslepen kontaktlenzen
    (dioptrie -12 / -14)

We Matter

I say. Say nothing, I say nothing but: We. It often
fissions but is, for it has a sp. gravity
of 34.3, atomic number 2 : 2 protons (you
and I), 2 neutrons (?), and a very small neutrino.
While emitting a λ particle
we develop so much erotic heat
—the equal of six complete married couples in their first degree
of acquaintanceship—that we matter-mystics dissolve
in light. Neutral is the whiteness
that surrounds nothing, is nothing, wills
nothing.
No astrophysicist drifts past. No supersonic angel
rustles.—No atom, no adept, no Adam.

—Translated from the Dutch by James S Holmes

He-man

1

I know (foresee) him—
    perhaps he wears an *Audium earglass 1200*,
    with transistors equipped with 3 resistors
    and a highly sensitive receiving coil,
so he hears me from great/normal distance.
His voice *(Wow & Flutter* less than 0.1% at
    5000 Hz/*Rumble & Hum* negligibly
    small)
            is clear and penetrating,
even when he raves, rants, sings, swears, belches,
or disposes of air-time advanced
by the government. Or perhaps even
—or almost certainly—with his finely ground contact lenses
    (dioptric -12/-14)

ziet hij mij (ziet mij, want kent geen abstrakties),
hij Allesziener, Alleshoorder, Allesdenker,
en ik, eigenwijsgerig, denk
dat ik hem denk. Ik ken (vermoed) hem wel.

2

Hij, vele malen sterker dan ik—mijn gekompliceerdheid
een vouw in zijn eenvoud / zelfs mijn ademhaling
verwekt komplikaties—vele malen slimmer want
nog meer verwisselbaar hij
wisselt 10 x per dag van beroep, 5 x
von roeping, 20 x van karakter,
3 x van huid—
                    zo, nooit dezelfde
blijft hij eeuwig zichzelf, ik ken him wel.

Met zijn dagelijkse dosis sympatine
die mij doet opveren van sympatie,
zijn geest die niet bevriest
na toevoeging van anti-vries,
na toevoeging van anti-dood—

die leeft na 10% iks,
hij blijft/is/wordt die hij is:
                    (Juist!) Mr. X.

(from *Persoon/Onpersoon,* 1971)

he sees me (sees me, for he ignores abstractions),
and I, persistologically, think
that I think him. I know (foresee) him.

2

He, many times stronger than I—my complexity
a crease in his simplicity/even my breathing
creates complications—many times smarter since
more interchangeable he
changes occupation 10 x a day, vocation
5 x, character 20,
skin 3 x—
            so, never the same
he always remains himself, I know him.

With his daily dose of sympatine,
which makes me bounce with sympathy,
his mind that doesn't freeze
after adding antifreeze,
after adding antideath—

who lives after 10% of eks,
he remains/is/becomes who he is:
                    (Right!) Mr X.

Translated from the Dutch by James S Holmes and Peter Nijmeijer

Heropvoeding

Ik heb mijn vader in de wieg gelegd,
hem gebed, gebaad, de speen gegeven.
Hij groeide, een vleesboom gelijk, sneller dan ik,
zich volzuigend aan verleden.
Hij sliep mijn slaap, droomde zijn onrustige dromen
in mij, mij overrompelend met zijn menselijkheid.

Ik wiegde hem zoals men zijn liefste voorouder wiegt,
kuste zijn kleine kale hoofd, neuriede
volksmelodieën die als moderne muziek klonken,
maar hoe jeugdiger hij was/werd, bij ieder nieuw
ontwaken werd hij mijn toekomst, sneller
dan ik kon groeien on ontwaken.

Ik deed hem schoolgaan, strafte hem
voor zijn lichtzinnig godgeloof, zijn huwelijkstrouw,
die elke hergeboorte verhinderde of te vroeg dateerde;
ik sloeg hem om zijn voorbeeldige goedheid,
hem bijna smekend om zijn ongelijk, zijn oude
al te tijdelijke eeuwigheid.

Hij were een man (als ik), at (als ik),
huwede (als ik) en deed mij definitief geboren worden
die tegenspartelend niet wilde: hij zij gestraft;
hij zij gestraft met een volmaakt geluk
in een hiervoormaals dat hem toekomt: vader
van vier gelovigen: zijn deel: een tuin vol hemels kinder-
speelgoed, een jongensfiets, vier sigaretten van gezondheid
voor elke vrije dag, een derde glazen oog bij wijze van vergrootglas,
wat ekstra erotiek voor 't weekend en daarna
een eeuwigdurend toekomstpensioen.

Hij zij gestraft die deze man ooit kwaad zal doen.

(from *Illusie & Illuminatie,* 1975)

Re-education

I put my father in his cradle,
tucked him in, gave him his bath, his pacifier.
He grew, like a tree of flesh, faster than I did,
he sucked himself full of the past.
He slept my sleep, dreamed his unruly dreams
in me, engulfed me with his humanity.

I rocked him as you would rock your dearest ancestor,
kissed his small bald head, hummed
folk melodies that sounded like modern music,
but the younger he was/became, the more
he became my future, faster each time I woke again
than I could grow or wake.

I made him go to school, punished him
for his frivolous faith in God, his conjugal fidelity
that prevented all rebirth or stamped me premature;
I smacked him for his exemplary goodness,
I almost begged him to be wrong, begged for his old
all too temporal eternity.

He grew to be a man (like me), ate (like me),
got married (like me), and caused conclusively the birth of
kicking and unwilling me: let him be punished;
let him be punished with a perfect happiness
in a before-life suited to his personality: father
of four believers: his part: a garden full of heavenly
toys, a boy's bicycle, four cigarettes of health
for each day off, a third (glass) eye for magnifying purposes,
a bit of extra eroticism for the weekend and finally
an everlasting pension for the future and

Let him be punished who shall ever harm is man.

—Translated from the Dutch by André Lefevere

Zelfepeterend gedicht
Voor Cora

1

De oorlog winnen en gedood worden,
ideeën me slagroom eten en omkomen van de honger,
dagwuiven met een softenonhandje en gelukkig zijn.

Kalorierijk ideeën verorberen en omkomen van de honger,
salueren met een softenonhandje en gedekoreerd worden,
de oorlog winnen en een invalide taal spreken.

Der oorlog winnen en voorgoed gedood worden,
opstandig worden en een softenonvuistje maken,
een klein softenonvuistje maken en mekkeren als een mamma-pop.

De oorlog winnen en voorgoed een invalide taal spreken—
de mond vol woorden hebben in niet weten wat te zeggen—
de oorlog winnen en voorgoed gedood worden—

2

Een bril opzetten en de ogen sluiten—een bril opzetten;
mooi weer spelen me een anders leven terwijl het binnen
in fabrieken en kantoren regent—een zonnebril opzetten.

Een zonnebril opzetten voor een gezich van louter blinde vlekken,
een zonnebril opzetten en blindelings de andre kant opkijken;
een bril opzetten en voorgoed de ogen sluiten

Poëtiese knauw hauw schenken aan onderontwikkelde taalgebieden;
sociaal intensieve woorden zenden naar armlastige taalgebieden
en zelf rijker en rijker worden, aan menselijkheid en poëzie;
een zonnebril opzetten en de ogen sluiten.

De honger bestrijden met ideeën, armoede met ideeën:
ideeën van brood, van melk, van proteïne;

Self-repeating Poem
For Cora

1

Winning the war and getting killed,
eating ideas with whipped cream and starving to death,
waving good-bye with a thalidomide hand and being happy.

Consuming high-calorie ideas and starving to death,
saluting with a thalidomide hand and getting decorated,
winning the war and speaking a disabled language.

Winning the war and getting killed for good,
getting rebellious and shaking a thalidomide fist,
shaking a little thalidomide fist and bleating like a mamma doll.

Winning the war and forever speaking a disabled language—
having a mouthful and words and not knowing what to say—
winning the war and getting killed for good—

2

Wearing glasses and closing one's eyes—wearing glasses;
playing fine weather at the expense of another man's life
while it rains in factories and offices—wearing sunglasses.

Wearing sunglasses on a face of nothing but blind spots,
wearing sunglasses and blindly looking the other way;
wearing sunglasses and closing one's eyes for good.

Donating lyrical know-how to underdeveloped languages;
shipping sociointensive words to impoverished languages
and getting wealthier and wealthier oneself, in humanity and poetry;
wearing sunglasses and closing one's eyes.

Fighting starvation with ideas, poverty with ideas:
ideas of bread, ideas of milk, ideas of protein:

ideeën als een brok in de keel waarin men stikt;
een zonnebril opzetten en voorgoed de ogen sluiten—

3

Z'n stifttanden poetsen met pepsodent en glimlachen, glimlachen;
het water aan een psychoanalyse onderwerpen en drinken, drinken;
z'n snijtanden poetsen met pepsodent en grimlachen, grimlachen.

Koel genalyseerd water drinken en dronken worden van helderheid,
spontaan water drinken en z'n kunstgebit poetsen met pepsodent,
z'n glimlach poetsen met pepsodent en grimlachen, grimlachen.

Dag in dag uit, met een weids gebaar, de hele natuur
ten geschenke geven—voor jou!—, de hele kultuur—voor jou!—,
de hele ekonomie—vor jou, voor jou!/Dag in dag uit,

jaar in jaaar uit, de zon weggeven, de maan weggeven—vor jou!—
de bomen, het groen, het klein gedierte—foor jou! voor jou!—
de zee weggeven, de lucht weggeven—voor jou! voor jou!—

En achterlaten: skeletten—voor jou—, en achterlaten: fossielen—
voor jou—, an achterlaten: denkbeelden, dood, voor jou—,
en droombeelden, dood—voor jou, voor jou—; voor jou
z'n kunstgebit oppoetsen met pepsodent en grimlachen, grimlachen—

4

En: een anti-masjiene van Tinguely zien en opgelucht ademhalen,
een anti-masjiene à la Tinguely konstrueren en *niet* produceren,
niet produceren en niet konkurreren, maar lachen, spelen, lachen—

Een tractor de hemel insturen en de goddelijke akkers omploegen,
voren ploegen en planten: aards groen, aardappelen, graan;
een tractor de hemel insturen en de nieuwe akkers bemesten
met afval uit een voormalig bestaan. En: eten.

ideas like a lump in the throat that makes one choke;
wearing sunglasses and closing one's eyes for good.

3

Brushing one's crowned teeth with pepsodent and smiling, smiling;
subjecting water to psychoanalysis and drinking, drinking;
brushing one's incisors with pepsodent and smirking, smirking.

Drinking cool analysed water and getting drunk on transparency,
drinking spontaneous water and brushing one's false teeth with pepsodent,
brushing one's smile with pepsodent and smirking, smirking.

Day in day out, with a grand gesture, giving away
the whole of nature—for you!—the whole of culture—for you!—
the whole economy—for you, for you!/Day in day out,

year after year, giving away the sun, the moon—four you!—
the trees, the greenery, and all the minor creatures—for you!
giving away the sea, giving away the air—for you! for you!—

And leaving behind: skeletons—four you—and leaving behind: fossils—
for you—leaving behind: opinions, dead, for you—
and illusions, dead—for you, for you; polishing
one's false teeth with pepsodent for you and smirking, smirking.

4

And: seeing a Tinguely antimachine and breathing freer,
constructing an antimachine à la Tinguely and *not* producing,
not producing and not competing, but laughing, playing, laughing;

shipping a tractor to heaven and plowing the godly fields,
plowing furrows and planting: earthly green, potatoes, corn;
shipping a tractor to heaven and dressing the new land
with waste from a prior existence. And: eating.

Eten: je eigen voorouders—kannibaal eet voorvader koloniaal—,
en oprispen: je eigen woorden, verslinden: je eigen schaduw,
en inslikken: je eigen woorden, en herkauwen: je eigen historie.

En uitspuwen: je eigen schaduw, en inslikken: jue bloedeigen woorden,
en opdrinken: je eigen tranen, en herkauwen: je eigen historie—
een tractor de hemel insuren en de oude akkers onderploegen—
een anti-masjiene konstrueren in *niet* konkurreren, maar lachen, spelen,
                                                  lachen—

5

Voorspellen wat al gebeurd is, doen wat al gedaan is;
z'n leven grondig repeteren alvorens het te beginnen;
voorspellen wat al gebeurd is, zeggen wat al gezegd is.

Z'n leven grondig repeteren alvorens het te beginnen;
doen wat al gedaan is, voorspellen wat al gebeurd is;
z'n verleden grondig repeteren alvorens het te beginnen.

De doden bevechten de levenden en de levenden de overledenen;
de overlevenden bevechten de overledenen als waren het levenden;
de levenden bevechten de overledenen en sterven, levend—
Voorspellen wat al gebeurd is, doen wat al gedaan is.

De historie neutraliseren door anti-historie, hemel door heden,
anti-heden door utopie—
z'n leven grondig repeteren alvorens het te beginnen—
voorspellen wat niet gebeurd is, doen wat nooit gedaan is—Vrede.

Eating: your own ancestors—cannibal eats forefather colonial—
and burping: your own words, devouring: your own shadow,
and swallowing: your own words, and ruminating: your own history.

And spitting out: your own shadow, and swallowing: your very own words,
and drinking: your own tears, and ruminating: your own history;
shipping a tractor to heaven and plowing the old fields—
constructing an antimachine and not competing, but laughing, playing,
laughing—

5

Predicting what happened before, doing what's already been done,
rehearsing one's life in detail before starting it,
predicting what happened before, saying what's already been said.

Rehearsing one's life in detail before starting it,
doing what's already been done, predicting what happened before,
rehearsing one's past in detail before starting it.

The dead fight the living and the living the dead;
the undead fight the dead as if they were the living;
the living fight the dead and die, alive—
Predicting what happened before, doing what's already been done.

Neutralizing history through antihistory, heaven through the present
the antipresent through a utopia—
rehearsing one's life in detail before starting it—
predicting what didn't happen, doing what's never been done.
—Peace.

Coda

Het jaar 2000. Vrede. Alle Ieren worden atheïst. Vrede.
Allen Amerikanen worden socialist. Vrede. Alle calvinisten
anarchist, alle mitrailleurbespelers clavecinist. Vrede
—*De oorlog winnen en voorgoed gedood worden. (Vrede.)*

Het jaar 2000. Vrede. Geen menseneter eet meer mensenvlees. Vrede.
Niemand sterft aan voorbesmette woorden en ideeën. Vrede.
—*De vrede winnen en een invalide taal spreken. (Vrede.)*

Het jaar 2000. Vrede. Blanken treden op als schaduwen van negers. Vrede.
Dieren reden op als schaduwen van engelen, beulen, engelen. Vrede.
—*Een zonnebril opzetten en voorgoed de ogen sluiten. (Vrede.)*

Het jaar 2000. Vrede. Kennis & krijgsmacht. Vrede. Oké of noké,
Gog en Magog, Kreti en Pleti. Vrede. Ecocide of egocide. Vrede.
Ik of Iks. Urim of Tummim. Vrede.
—*Voorspellen wat al gebeurd is, doen wat al gedaan is. (Vrede.)*

Het jaar 2000. Vrede. Kom, zie & hoor: Samsam lezen samen de Thoran!
                                                              Vrede!
100 voorhuiden van Filistijnen. Vrede. 100 plastic maagdevliezen. Vrede.
—*Voorspellen wat niet gebeurd is, doen wat nooit voorzien is. (Vrede.)*

Het jaar 2000. Vrede. Geen dolzinnige stier toetert meer tweevoeters
van de weg. Vrede. Geen luchtsirene loeit. Geen kunsthaan kraait,
geen mammapop meer schriet. Alle mensen worden psychiater. Vrede.
—*Doen wat nooit gedann, denken wat nooit gedacht is. (Vrede.)*

Kennis of krijgsmacht. Vrede. Oké of noké, Agog of Magog, Kreti of
                                                              Pleti. Vrede.

Coda

The year 2000. Peace. All Irishmen turn atheist. Peace.
All Americans turn socialist. Peace. All Calvinists
anarchists, all machinegun players harpsichordists. Peace.
—*Winning the war and getting killed for good. (Peace.)*

The year 2000. Peace. No maneater will still eat human flesh. Peace.
No one will die of precontaminated words and ideas. Peace.
—*Winning the peace and speaking a disabled language. (Peace.)*

The year 2000. Peace. Whites act as shadows for Blacks. Peace.
Animals act as shadows for angels, hangmen, angels. Peace.
—*Wearing sunglasses and closing one's eyes for good. (Peace.)*

The year 2000. Peace. Millions or nillions. Peace. OK or noK,
Gog and Magog, Krethi and Plethi. Ecocide or egocide. Peace
—*Predicting what happened before, doing what's already been done.*
                                                    (Peace.)

The year 2000. Peace. Hear & see: Mosammed read the Torahn together!
                                                    Peace!
1000 foreskins of Philistines. Peace. 100 plastic hymens. Peace.
—*Predicting what didn't happen, doing what's never been foreseen.*
                                                    (Peace.)

The year 2000. Peace. No scatterbrained bull will honk twofooters
off the road anymore. Pace. No siren will wail. No artificial rooster crow,
no mama doll will cry. All men turn into psychiatrists. Peace.
—*Doing what's never been done before, thinking what's never been thought.*
                                                    (Peace.)

Millions or nillions. Ok or noK, Gog or Magog, Krethi or Plethi. Peace.

Allen realisten worden utopist, alle utopisten realist. Vrede.
—*Denken wat nooit gedacht, doe wat nooit gedaan is.* Vrede.
Doen wat nooit gedaan is. Vrede. Doen wat ooit gedacht is. Vrede.

Vrede. Vrede.

(from *Illusie & illuminatie,* 1975)

Kollektief liefdesgedicht voor 2 personen

Ik heb mijn woorden geïnvesteerd
induokultuur, mijn lichaamscellen
                                    gesocialiseerd,
ogen & hart gedemokrastiseerd, hand & tong
                                    geëmotionaliseerd
en geïntegreerd in de jouwe.

Jij: jij: eindelijk een lichaam
                    zonder dialektiek,
zelfs je ogen—scheel—hebben niets dialekties,
laat staan je dubbelzinnige naam
en je geest is zeker minder gespleten
dan die van mevrouw Flaflip
                    op de televisie.

Je zegt: Liefde: Liefde: een kollektieve
    arbeidsovereenkomst voor 2 personen,
                                bestemd
voor 1 persoon. Jij : jij.
                / Ik : jij

Jij koomt mijn oor in, ik
                kom je oog uit.
                                Jij
hoest me (deze minuut),
                    ik
nies je (de volgende minuut).

All realists turn into utopians, all utopians into realists. Peace.
—*Thinking what's never been thought, doing what's never been done.*
                                                                        Peace.
Doing what's never been done. Peace. Dong what's never been thought.
                                                                        Peace.

Peace. Peace.

      —*Translated from the Dutch by Peter Nijmeijer*

Collective Love Poem for 2 Persons

          I invested my words
          in duoculture, socialized
                                        my body cells,
          democratized eyes & heart, emotionalized
                                        hand & tongue
          and integrated them into yours.

          You: you: finally a body
                                    without dialectics,
          even your eyes—crossed—have nothing dialectical,
          let alone your ambiguous name
          and your personality is positively less split
          than Mrs. Fisheye's
                            on television.

          You say: Love: Love: a collective
              labor contract for 2 persons,
                                        intended
          for 1 person. You: you.
                            / I : you.

          You enter my ear, I
                            leave through your eye. You
          cough me up (this minute),
                                I
          sneeze you out (next minute).

                                        Ik
ben je koude koorts,
                              jij bent
mijn warme hoofdpijn die ik dagenlang
niet kwijtraak en zie, onze littekens zelfs
zijn als sieraden uitwisselbaar,
net als je huid, die vaak amper
van de mijne is te onderscheiden.

Je begroet me soms als een politieke figuur
of loopt door me heen als een sociaal werkster
terwijl ik juist onze nieuwe volksrepubliek verken
op protestanten & andere dissidenten,
maar welkom, welkom ben je meestal.

Daarom, kom mijn kleine Time Internationl,
kom als een krantebericht, kom
   als een weerbericht, maar kom,
      kom dagerlijks.
                       Kom.

(from *Illusie & illuminatie,* 1975)

I

am your cold fever,

you are

the warm headache I can't shake off
for days, and look, even our scars
are interchangeable as ornaments,
just as your skin, which can often be
scarcely distinguished from mine.

You sometimes greet me as a political figure
or walk through me like a social worker
just when I'm surveying our new system
for protestants & other dissidents,
but welcome, you're welcome most of the time.

So, come my little Time International,
come like a news report, come
   like a weather report, but come
      come daily.
Come.

—Translated from the Dutch by Peter Nijmeijer

Paul Rodenko

Paul Rodenko [Netherlands]
1920-1976

Born in The Hague of a Russian father and a British-Dutch mother, Paul Rodenko had not read a poem in Dutch until 1947. This fact enabled him to have a truly original view of Dutch literature, and he was immediately attracted to the Fiftiers and their writing. Rodenko was primarily an essayist and served as the chief critical advocate and apologist for the Fiftiers and for Dutch experimentalism in general, particularly in his book *Tussen de regels: Wandelen en spoorzoeken in de moderne poëzie* (Between the Lines: Walking and Looking for the Trail in Modern Poetry) of 1956. In 1977 he was posthumously awarded the Dutch prize for critical writing, The Wijnaendts Francken Prize.

BOOKS OF POETRY

Orensnijder tulpensnijder (Amsterdam: Harmonie, 1975).

BOOKS IN ENGLISH

Fire Beside the Sea, trans. by James S Holmes and Hans van Marle (Ijmuiden, Netherlands: Hoogovens, 1961).

Februarizon

Weer gaat de wereld als een meisjeskamer open
het straaatgebeuren zeilt uit witte verten aan
arbeiders bouwen met aluinen handen aan
een raamloos huis van trappen en piano's.
De populieren werpen met een schoolse nijging
elkaar een bal vol vogelstremmen toe
en héél hoog schildert een onzichtbaar vliegtuig
helblauwe bloemen op helblauwe zijde.

De zon speelt aan mijn voeten al seen ernstig kind.
Ik draag het donzen masker van
de eerste lentewind.

(from *Orensnijder tulpensnijder,* 1975)

Robot Poëzie

Poëzie, wrede machine
Stem zonder stem, boom
Zonder schaduw: gigantische
Tor, schorpioen poëzie
Gepantserde robot van taal—

Leer ons met schavende woorden
Het woekerend vlees van de botten schillen
Leer ons met nijpende woorden
De vingers van 't blaatend gevoel afknellen
Leer ons met strakke suizende woorden
De stemmige zielsbarrière doorbreken:
Leer ons 't eleven in 't doodlijk luchtledig
De reine gezichtloze pijn, het vers

(from *Orensnijder tulpensnijder,* 1975)

February Sun

Again the world goes open like a girl's room
from white remotenesses street scenes come sailing up
workers with alum hands are building
a windowless house of stairways and pianos.
The poplars with a schoolboy inclination
toss each other a ball full of bird voices
and way up high an invisible airplane
paints bright blue flowers on bright blue silk.

The sun plays at my feet like a serious child.
I wear the downy mask of
the first spring breeze.

—Translated from the Dutch by James S Holmes

Robot Poetry

Poetry, cruel machine
Voice without voice, tree
Without shadow; gigantic
Beetle scorpion poetry
Armored robot of language—

Teach us with planning words
To peel the rampant flesh from the bones
Teach us with pincering words
To squeeze off the fingers of bleating emotion
Teach us with taut rustling words
To break through the manyvoiced barrier of the soul:
Teach us to live in the deadly vacuum
The pure and faceless pain, the poem

—Translated from the Dutch by James S Holmes

Bommen

De stad is stil.
De straten
hebben zich verbreed.
Kangeroes kijken door de venstergaten.
Een vrouw passeert.
De echo raapt gehaast
haar stappen op.

De stad is stil.
Een kat rolt stijf van het kozijn.
Het licht is als een blok verplaatst.
Geruisloos vallen drie vier bommen op het plein
en drie vier huizen hijsen traag
hun rode flag.

(from *Orensnijder tulpensnijder,* 1975)

Bombs

The town is still.
The streets
have widened.
Kangaroos look through window openings.
A woman passes by.
Quickly the echo catches
her step.

The town is still.
A cat tumbles stiffly from the window ledge.
The light is like a shifting mass.
Noiselessly three four bombs fall on the square
and three four houses slowly raise
the red flag.

—Translated from the Dutch by Peter Glassgold

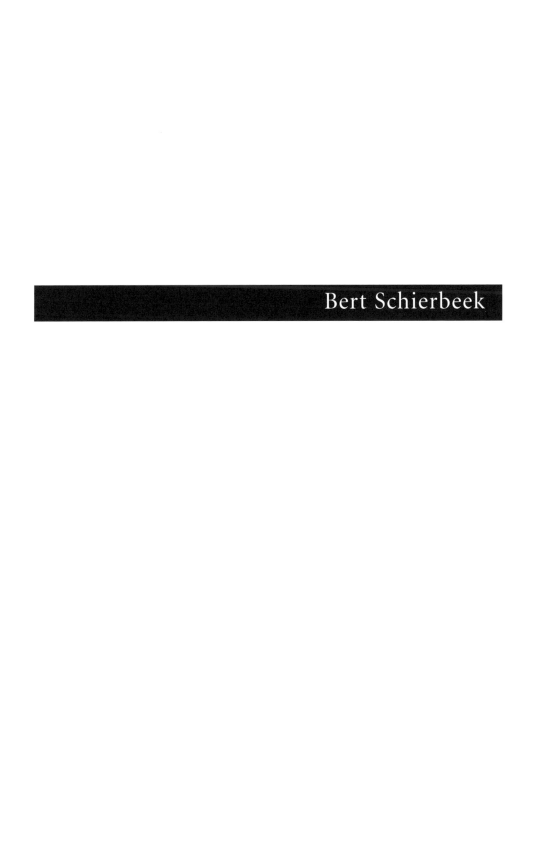

Bert Schierbeek

Bert Schierbeek [Netherlands]
1918-1996

Born in the village of Glanerbrug in 1918, Bert Schierbeek became motherless when he was young; brought up by his mother's parents in Beerta, he was schooled by his remarried father. He went to study in Amsterdam in 1940, but was forced shortly thereafter into the Resistance by the German Occupation. The experience of these bleak years led to *Terreur tegen terreur* (Revolt Against the Past), 1945, his sensitive first novel. After one more "conventional though nonclassical" novel, *Gebroken horizon* (Broken Horizon), Schierbeek branched out into innovative forms with his explosive *Het Boek IK* (The Book I), the last line of which, "we go  forth moved into other names," gave rise to the title for *De andere namen* (The Other Names), which with *De derde persoon* (The Third Person) completed his autobiographical trilogy.

All eight of Schierbeek's books of prose-poetry from 1951 on, which he termed "compositional novels," have a musical form and content—words as notes in a sound-defined imaginal context. *De gestalte der stem*, 1957 (*Shapes of the Voice*, 1977) is the first part of a mythologizing trilogy—"to give shape to what man has formed on earth, what he's performed and deformed in it"—the other books of which are *Het dier heeft een mens getekend*, 1960 (The Animal Has Drawn a Man) and *Ezel mijn bewonder*, 1964 (Donkey My Inhabitant). Two books of essays consolidate the central themes of Schierbeek's second trilogy, *De tuinen van Zen*, 1959 (The Gardens of Zen) and *Een broek voor een octopus*, 1965 (Pants for an Octopus). The latter's deliberations on the creative process led to two other compositional novels, *Een grote dorst*, 1968 (A Great Thirst) and *Inspraak*, 1970 (Speak-In), both of which reproduce cinematic "jump-cut" effects with flashbacks to past eras and glimpses of alternative futures. Since then, a new brevity has distinguished his work, as in *De deur*, 1972 (The Door), *In- en uitgang*, 1974 (The Way In & Out), *Vallen en opstaan*, 1977 (Falling & Standing Up), *Weerwerk*, 1977 (Reaction), and *Formentera*, 1984. Several of his works have been translated into English.

BOOKS OF POETRY

Het boek Ik (Amsterdam: De Bezige Bij, 1951); *De andere namen* (Amsterdam: De Bezige Bij, 1952); *De derde persoon* (Amsterdam: De Bezige Bij, 1955); *De gestalte der stem* (Amsterdam: De Bezige Bij, 1957); *Een broek voor een oktopus* (Amsterdam: De Bezige Bij, 1965); *Een grote dorst* (Amsterdam: De Bezige Bij, 1968); *Inspraak* (Amsterdam: De Bezige Bij, 1970); *De deur* (Amsterdam: De Bezige Bij, 1972); *In- en uitgang* (Amsterdam: De Bezige Bij, 1974); *Vallen en opstaan* (Amsterdam: De Bezige Bij, 1977); *Weerwerk* (Amsterdam: De Bezige Bij, 1977); *Betrekkingen* (Amsterdam: De Bezige Bij, 1979); *Binnenwerk* (Amsterdam: De Bezige Bij, 1982); *Formentera* (Amsterdam: De Bezige Bij, 1984); *De tuinen van Suzhou* (Amsterdam: De Bezige Bij, 1986); *Door het oog van de wind* (Amsterdam: De Bezige Bij, 1988); *De zichtbare ruimte* (Amsterdam: De Bezige Bij, 1993); *Vlucht van de vogel* (Amsterdam: De Bezige Bij, 1996)

BOOKS IN ENGLISH

The Fall (London: Transgravity Press, 1973); *Shapes of the Voice,* trans. by Charles McGeehan (Boston: Twayne Publishers, 1977); *Cross Roads,* trans. by Charles McGeehan (Rochester, Michigan: Katydid Books, 1988); *Formentera,* followed by *The Gardens of Suzhou,* trans. by Charles McGeehan (Montreal: Guernica, 1989); *Keeping It Up: The Countryside,* trans. by Charles McGeehan (Rochester, Michigan: Katydid Books, 1990)

Het boek Ik

— Wat ? ! . . . Wat ? ! . . . Hahaha. . .

— Nee lieve meisjes . . . Dioermah? Poeroesjah? Ephemere? we mogen
nooit koud worden, noooit koud worden en ook niet heet . . . de hoofden koel! man-
nen! . . . koel voor de koelmannen met de potten op hun hoofd und ausradieren die
dieren, und munter spazieren und nie vergessen die beine . . . gefallen, gefallen, gefall-
en, ein, zwei, drei und vier . . . aah bier . . . in my solitude immer bier für die vergan-
genheitenanwesenheit

— Saxofonen duisternis vullen mijn oor, lieve meisjes . . . zet de radio af!

— of wat zachter !

— De radio uit ! . . . radio uit . . . adio uit !

— Precies . . . dank je wel . . . toen ik dan van de olifant kwam bij de
vrouw van de generaal bleek tijd en ruimte opgeheven, we hieven de glazen van de
generaal en de dochter en de vrouwen en de olifant en nikkers boksten een lied van ziel
uit de trompetten rumba en cocacola want het geluk was eindeloos . . . Hoewel ik dus
even afsteeg kon er toch dadelijk weer opgestegen worden . . . zoals de generaal zo tref-
fend zei: alles gaat zijn gewone gang, de democratie staat nooit stil en mijn dochter
studeert nog steeds net als u . . . ja, oorlog, mijn kapitein, is een noodzakelijk kwaad . . .
en we leven er van en we leven er van en we leven er van . . . mijn vrouw en mijn kind,
mijn dochter en ik en wij allemaal . . . want ze willen het niet de anderen, verdomme
de anderen, de alle mensanderen . . . maar ze willen het ook . . . ze willen het wel . . . ze
doen het wel . . . Dit zijn de dingen die niet stilstaan in de mens jongen . . . en de neger
blijft zingen, zwart zingen, roetzingen, rouwzingen, rauwzingen en mijn dochter stud-
eren: rechten . . . richten , . . . rache, ooh rache in my soulsolitude . . . zo sprak en dacht
de generaal meisjes . . . ook een mens wij zijn allemaal mensen . . . zo zei de generaal
met de nickerbokser in zijn nekspek . . . het nekspek rood en grijs van de olifant . . . Ja
mon capitaine zei de dochter oefese . . . dit is de NUL-fhase in de mens niet waar zo
een oorlog, we kunnen als het afgelopen is weer allen kanten op . . . toch wel heerlijk al
kost het offers . . . mijn vader slaapt soms niet van de offers de hij moet brengen, wilt u
geloven, mon capitaine . . .

— Was ze verliefd op je, lieve Hamilcar? . . .

— Iedereen was verliefd op me, lieve meisjes . . . ik elephantosis riante. . .
een ernstig schutter was ik . . . en zij de bacchanten die alles minden in het nulpunt
waarover de lieftallige Oefese sprak met haar stem van zijde rupsen . . . mijn grootvad-
er was een grote moerbijboom zij zei mij vertrouwelijk na het vertrouwelijk drinken
van enige coctails ooo tail mia mij bene . . .

— Haar bene ? ! ? . . .

from *The Book I*

— What ? ! . . . What ? ! . . . Hahaha . . .

— No dear girls . . . Dioermah? Poeroesjah? Ephemere?

we must never become cold, never become cold and also not hot . . . the heads cool!
men! . . . cool for the coolies with the crocks on their head und ausradieren die
dieren, und munter parzieren und nie vergessen die beine . . . fallen, fallen, fallen, ein,
zwei, drei und vier . . . aah beer. . . in my solitude immer bier für die vergangenheiten
anwesenheit

— Saxophones dusk fills my ears, dear girls . . . turn the radio off!

— or a bit softer !

— The radio off! . . . radio off. . . adio off!

— Precisely. . . thank you. . . well when I came off the eliphant near the
wife of the general time and space seemed to rise, we raised the glasses of the general
and the daughter and the women and the eliphant and the niggers boxing a song of
soul out of the trumpets rhumba and cocacola because the bliss was endless. . .
Although I dismounted awhile mounting could occur again soon. . . as the general so
fittingly said: everything goes its wonted way, democracy never stands still and my
daughter still studies just like you . . . yes, war, mon capitain, is a necessary evil. . . and
we live off it and we live off it and we live off it. . . my wife and my child, my daughter
and I and all of the others, the allpeopleothers. . . but they want it too. . . yeah they
want it. . . yeah they do it. . . These are the things that don't stand still in many and
boy. . . and the negro keeps singing, sootsinging, mournsinging, rawsinging and my
daughter studying: law. . . aim, . . . rache, ooh rache in my soulsolitude. . . so spoke
and thought the general girls. . . also man we are all people. . . so said the general with
the nickerbokser in his neckfat. . . the neckfat red and grey of the eliphant. . . yes
mon capitain said the daughter oefese. . . this is the nil-phase in man isn't it such a
war, when it's over we'll be able to take all directions again. . . still delightful even if it
costs offers. . . my father can't sleep sometimes because of the offers he must bring,
would you believe, mon capitain. . .

— Was she in love with you, dear Hamilcar ? . . .

— Everyone was in love with me, dear girls . . . I elephantosis riante. . . a
deadly shot was I. . . and they the bacchants who loved everything in the nilpoint that
the sweet Oefese spoke of with her voice of silkworms. . . my grandfather was a mas-
sive mulberrytree she told me in confidence after the confidential drinking of several
cocktails ooo tail mia my bene...

— Her legs ? ! ? . . .

— Ja lieve meisjes . . . voorloopstertjes van de zoeven afgedraaide bene-
luxen van het radiostation . . . Niettemin . . . o min, o min mij sprak Oefese die meer
princes werd . . . haar vader zakte af . . . Hij houdt van een afzakkertje, zei Oefese . . .
zie, zie . . . en ik zag de nikkers hem neer boksen en het bloed uit zijn ogen springen
en ik lachte en zei hij zakt af weg en uit . . . Grommeri, gommeri dacht ik en aaide de
slurf van mijn olifant . . .

en ik weet het: nu lachen die meisjes, eindeloos en loos lachen van het onbegrip en
de tip van de sluier in de hand houden en niet oplichten om het water te zien dat
leven heet, het heet leven en smartdroeven en het uniformsnoeven van de traantailen.
Zeker twee en veertig trailers slopen dien nacht de woestijn door, het hete zand aan
hun poten gromde . . . reppoten, rappoten voor de rapporten aan de dronken generaal
en ze sneuvelden allemaal . . . moorhunde! blutschunte! byehard of heartsdying! ach
meisjes haal de waanjaloesien neer en vraag vergeving voor het nietgrootzijnzingen! er
dansen quadrilles dolora en jullie ogen en je weet het niet . . . de generaal wist het ook
niet en oefese niet en de vrouw niet, want de katten sponnen hun ziel dicht en het lijf
begon te leven . . . o mia mij tail bene. . .
en dan zijn er de zes en twintig letters die zich kunnen vermenigvuldigen in het
woord dat onnoembaar is en de kathedralen van licht-van-binnen-uit . . .
Denk aan de foedraal mon chèr capitaine . . .

en ik zei, ik zei, ik schreeuwde: Verdomde, lieve Oefese . . . ik ben een raar mens . . .
mijn grootvader had dertien kinderen, mijn vader tien en ik zet de traditie voort . . .

oefese de schrikmin en ik minde haar schrik want er was geen verhaal meer . . . . ze
was oef! oef! o phase . . .
— De meisjes moeten roken! Hier Camel en Pall Mall, lieve lange…,
nietwaar toen wij ontwaakten zat ik nog op de olifant en rende de generaal O
Grommeri, o grommeri door de stallen . . . een soldaten ochten symposion was juist
bezig en men vloekte genot van eten de stallen door . . . en Grommeri sprak: De Heer
uw God zelf zal hen voor u uit jagen en verdrijven, zodat gij hun land in bezit zult
nemen, maar gij moet u naarstig toeleggen op het onderhouden en betrachten van
alwat Mozes gezegd heeft . . . dat gij daarvan niet afwijkt, noch links noch rechts . . .
en laat u niet in met de volken die zijn overgebleven en vermeldt en zweert niet bij de
naam van hun goden. . . gij zult de Heer uw God aanhangen zoals gij tot op deze dag
dedaan hebt . . .
. . . en door de stallen stonk het eten meat and vegetable hash and irish
stew . . . Read the mountain speech, the most famous speech ever held . . .
Rook toch meisjes en lach je nieren ondersteboven . . . Ik heb een vrouw gekend die
een zieke nier had, en opstandige nier, een inefficient nier, zoals zij zelf zei . . . de
Dokter moest iedere week een keer komen om hem aan te stampen. . .

— Yes dear girls. . . precursers of the just turned off Belgians of the
radiostation. . . Nevertheless. . . o less, o less, o love, o love me spoke Oefese who
became more and more princess. . . her father came down. . . He likes a downer, said
Oefese. . . see, see, and I saw the niggers box him down and the blood springing from
his eyes and I laughed and said he goes down away and out. . . Grommeri, grommeri I
thought and stroked the trunk of my eliphant. . .

   and I know: now the girls laugh, endless and false laughter of
misunderstanding and the tip of the veil held in the hand and not lifted to see the
water that is called life, it is called life and saddrift and the uniformboast of teartracks.
Sure fortytwo trailers snuck through the desert that night, the hot sand at their feet
growling. . . reppoten, rappoten for the reports to the drunken general and they all
died. . . moorhunde ! blutschunde ! byehard of heartsdying ! ah girls pull the delusjeal-
ousies down and ask foregiveness for the notbeinggreatsinging ! quadrilles dolora
dance in your eyes and you don't know it. . . the general didn't know it either nor
oefese nor the wife, for the cats purred their soul shut and the body began to live. . . or
mia my tail bene. . .

   and then there are the twentysix letters which can multiply themselves in
the word that is unnameable and the cathedrals of light-from-inside-out. . . Think of
the case mon cher capitain. . .

   and I said, said I, I yelled: Damned, dear Oefese. . . I am a strange
man. . . my grandfather had thirteen children, my father ten and I continue the tradi-
tion. . .

   oefese the shocklove and I loved her shock for there was no more story.
. . she was oef ! oef ! o phase. . .

   — The girls should smoke ! Her Camel and Pall Mall, dear tall . . . ,
wasn't it when we woke I was still sitting on the eliphant and running the general O
Grommeri, o grommeri through the stables. . . a soldier morning symposium was
under way and they swore pleasure of eating through the stables. . . and Grommeri
spoke: The Lord your God himself shall hunt and drive them before you, so thou shalt
take their lands to thine dominion, but you must adhere closely to the undertakings
and practice all Moses said. . . that you never diverge, neither left nor right. . . and don't
be taken in by the folk who have been left and never mention or swear by the names of
their gods. . . thou shalt cling to the Lord thy God as thou hast on this day. . .

   and throughout the stables stank the food meat and vegetable hash and irish stew. . .
Read the mountain speech, the most famous speech ever held. . . Go on smoke girls
and laugh your kidneys upsidedown. . . I've known a woman who had a sick kidney a
rebellious kidney, an inefficient kidney, as she said herself. . . the Doctor had to come
once a week to thump it. . .

Juist meisjes en nu lachen . . . waarom niet lachen . . . pallmallachen en kameel-
lachen in de woestijnen zand en schip zijn, boot zijn, bloot zijn. ik zie de knieën zin-
gen . . . o knie dioermah en o knie ephemere over de horizonnen zang van mijn bloed
. . . de bleeke, de doode, die gezondigd heeft maar de onschuld kent . . . geen van
schaamte weten en niet het wetboek en de rol maar het kabillistisch aanruischen van
duisternissen beheersing om tot de ochtend te geraken . . .

o, ik god, ik godovertollig en voltalig . . .

we zullen geen vrede kennen

from *De gestalte der stem*

Ik beweeg mij nu in de gestalte der stem
die gaat in de kilkeper het woord
in mijn linkerhand een gehoorapparaat
in de rechter de huid van de aarde
ik hoor de weerwraak
ik zie het slachtofferspel der geliefden
ik zet mijn hart uit in de tastende ruimte
mijn mond op het raster der angst
mijn lippen kussend de donkere gang van het leven
in de doorbraak der ogen het licht
van de architectuur van de stem
die gaat binnen de tonggeslachten
door het raamwerk der voorstellingsstromen
in het wonderlijk kristal van het zweet onzer handen
langs de denkbeeldige muur
met de poorten van in- en uitgang
over de drempel der zevende eenzaamheid mens
die bouwt in der architectuur van de stem
die staat als het dak over woorden
de zwarte zee en de huifkar der liefde
het edelkoord van het schrift der dode volken
en het breukverband der verdoofde oren
de bouwkunstige gang van de stem op aarde

Right girls, and now laugh. . . why not laugh. . . pallmalllaugh and
camellaugh in the desert be sand and ship, be boat be bare. I see the knees singing. . .
o knee dioermah and o knee ephemere across the horizons
song of my blood. . . the pale dead, who have sinned but know
innocence. . . know nothing of shame and not the lawbook and the role but the
kabbalistic approaches of dusks ruling to reach the morning...

oh, I god, I godsuperfluous and complete. . .
we will know no peace

—*Translated from the Dutch by Cornelis Vleeskens*

from *Shapes of the Voice*

I now start moving in the shape of the voice
which goes into the chill-twill the word
my left hand holds a hearing aid
in the right one rests the skin of the earth
I can heart the revenge
I can see the lovers' victim-making game
I set my heart out into the groping spaces
my mouth upon the lattice of distress
my lips kissing the dark passage of this life
in the breakthrough of the eyes the light
of the voice's architecture
which enters the tongue's generations
through the frame of the streams of representations
in the marvelous crystal formed by the sweat of our hands
along the imaginary wall
with the portals of passage in and out
across the threshold of the seventh solitude man
who builds with the architecture of voice
which rests as the roof over words
the black sea and the covered wagon of love
the magnifichord of the scriptures of extinct peoples
and the truss for the rupture of the deafened ear
the architectonic passage of the voice upon earth

dat is zei een man dat ik so licht mag worden als zeer oude
thibetanen en mij met ketenen omhang om van de aarde te
blijven om het levensbeeld van minnend maanvolk aan de
hellingen der bergen te voltooien met de naar binnen
geslagen stem der wijzen uit het duistere gat van het licht
waarin ik woon en zeer langzaam met spelden de muren
doorboor om wederom tot de zon te geraken gaande naakt
door de eeuwige sneeuw van het bidden voor een beeld van
altaar in de omwandelende voet van het heiligdom

strelend de verlatenheid van de menselijke huid gaat de hand
van de stem
ik speel met de vingers
ik heb mij van veel ontdaan
met de worgende en strelende vingers
ik sta alleen in het huilende huis van de wind
met de verloren handschriften der dode zee
zo zout
zo oude legende
de knoros van het licht in mijn ogen
de vliegende koeken verlaten mijn handen
dat zijn de daden
om te verzachten

zij maakten daarvoor zei de man wonderlijke reliefs in de
vorm van wagenwielen en ook zo groot en de spaken waren
de paden waarop gesteld stonden de gestalten van verbeelding
die hen omringden de vlaggen, lampen en wierook en de
stemmen der lama's waren torentjes klei de torma's
genaamd
dit is
de cosmogenese der stem vol vreemde figuratie
over de lippen
de menselijke
de draagbalken weedom
de consoles vertrouwen
de loketten der twijfel
de hang en sluitwerken der hartkameren vrees
de windhaken der hoop

that said a man is so that I can become as light as very ancient
Tibetans and hang chains around myself so as to remain being
of this earth so as to complete the life-image of loving moonpeople
upon the slopes of the mountains turning within with the voice of the
wise out from the dismal hole of the light I am living in and
little by little perforate the walls with pins so as to get to the sun once
against going naked through the eternal snows of the praying for an
image of an altar in the perambulating foot of the sanctuary

the hand of the voice moves to caress the human skin's
forsakenness
I play with the fingers
I have stripped myself of many things
with the strangling and fondling fingers
I stand alone in the howling house of the wind
with the lost manuscripts of the Dead Sea
so salty
such an ancient legend
the knoros of the light in my eyes
the flying hot cakes abandon my hands
those are the deeds
that see to relief

to achieve that said the man they carve marvelous reliefs in the form
of wagon wheels and so very large at that and the spkes were the
paths whereon were placed the shapes of the imagination that
surrounded them the banners, lamps, and incense and the lamas'
voices were little towers of clay called tormas
this is
the cosmogenesis of the voice full of strange figuration
crossing over the lips
the human
the crossbeams of woe
the consoles of confidence
the counters of doubt
the fasterners of the ventricles' fear
the windhooks of hope

de wonderlijk formules van de eenheden uitgaande en
inkerende stem waardoor ik de dood vrees
zoals de arme vrouw die de stemmen kent soms vraagt het
geluid te stoppen of wat terug te zetten en ook de gaten der
doorgang de deuren muren en ramen
de stem die de genade niet geeft
en de gek van de mens maakt die hoort

want er zijn slechts weinigen die de stem horen
maar er zijn er de velen die haar maken

zij bouwen het schaduwtheater der verontrusting binnen de
tekenen der contemplatie en staan kinderernstig in de
wenteling van het wiel sluiten hun ogen grijpen duizelig het
speelgoed en laten het vol vrees en verwondering de blinde
vingers der daden ontglippen
en zij graven een gat voor het wiel om het te berbergen
een heilige grot
en zij slaan gade de wenteling van het wiel dat hun wereld is
en zij vrezen binnen de gekleurde samenzang die zij doen
zij zien een krampplaat vol afzondering
een hongerplafond
zij straffen en lachen een architraaf over alles
het kettingverband van het leven op aarde
de menselijke stem
de schreeuw uit het mangat
de afstand van iedere dag naders gemeten
waarover wij lopen wat wij kunnen
met de voeten in de epische gestalte der stem
ook ik die reed in het hart van de weerkerende vrouw van
liefde uit het land kostverloren en de buurtschap genaamd
hongerige wolf in de omslag van de versiering der blikken de
maag leeg en de maan laag onder het melkgesprek van de
sterren en zeer bewogen want ik had mij van veel ontdaan
ik woonde in de waterschoten der grachten
en in de windharp het woord
mijn hart lag op mijn handen en klopte langs de bouwputten
der huizen
ik had de wakers in slapers geplaatst binnen de vervoering

the wondrous formulas of the unities going out and coming in
to hear the voice through which I feel the fear of death
like the poor woman who knows of the voices sometimes asks
the sounds to stop or to set back a little and also the holes of
passage the doors walls and windows
the voice that knows no mercy
and drives whoever has heard it crazy

for there are only a few who do hear the voice
though there are the many who form it

they build the shadow-theater of the consternation within the
designing of the contemplation and stand as earnest as children
in the rotation of the wheel close their eyes dizzily grasp the
toy and fully awed and amazed let it slip from the blind
fingers of the deeds
and they dig a hole for the wheel so as to conceal it
a holy grotto
and they watch the rotation of the wheel that is their world
and they are afraid within the colored community singing which they
    perform
they see a cramp iron full of isolation
a ceiling of starvation
they castigate and laugh an architrave over everything
the concatenation of life on earth
the human voice
the shout from out of the manhole
the distance of every day measure in a different way
over which we walk what we can
with the feet in the epical shape of the voice
also I the one who rode in the heart of the returning woman of love
from the county called Lost Board and the town named Hungry Wolf
on the cover decoration of books cans looks glances the belly empty
and the moon low below the galactoconversation of the stars
and verily moved because I had stripped myself of many things
I lived in the waterlaps of the canals and in the windharp of the word
and heart lay upon my hands and thumped along the diggings
for the houses
I had placed the wakers and the sleepers in the transport of

der stem
en de stem was de eenzaamheid
waarover wij lopen wat wij kunnen
met de zwijgende stenen die de nagel schrapen
tegen de stilte der stem
en ik schreef vreemde talen tegen de donkere muren
omdat kwekers bomen bouwen, zei de gelifde
en mijn stem beweegt zich door de offers
en is met open mond bewogen
temidden der mensen met de vreemde lampen geluid
leg ik de dag vast
de iedere
op het gezegelde veld   der   seconden
binnen het dekblad der tijden
de bekfluit geheven tot het beeld van dit tongwerk
in de gewonde mond die de boom zal bouwen
van de ontrukte en schouwende gang van de stem
plechtig als een oerwoud
omarmend het ongeziene water
de vrees in de keel der dieren
de stap en de stand van de trotse flamengo
de gevleugelde afdruk der handen gehouwen in stenen
woestijn
om dit toonaarden geslacht de draagbalk te verleggen
van de taal
de avater
de dada
de wonderboom van dit hoofdmanuaal
levend in de windtrap der stamtonen
de stijgende
de dalende
de madrigale vloed der gemene namen
de mysterie-stand van de stem
het onder-en-boven-ding
mijn koelemansoog geheven
mijn zon-en-regelkeel
de wonderlijke kiel van dit schip gekanteld op aarde
de romp van deze schelp is doorzichtig
de traanbouw het heelal van het hart

the voice
and the voice was loneliness
over which we walk what we can
with the silent stones that scrape the nail
against the stillness of the voice
and I write foreign languages against the dark walls
because growers raise trees, said the sweetheart
and my voice makes its way via the sacrifices
and is moved by open mouth
in the midst of the people with the sound of alien lamps
I fasten down the day
the every day
upon   the   sealed   field   of the   seconds
inside the wrapper and bract of the times
the fipple flute lifted up to the image of this reed tongue
in the wounded mouth which the tree is going to build
from a snatched and contemplating passage of the voice
majestic as the jungle
embracing the unseen water
the fear in the animals' throats
the stride and the stance of the proud flamengo
the wingèd imprint of the hands hewn in stone
desert
so as to shift the tonalities generation the crossbeam
of language
the avatar
the dada
the wondertree of this head-manual
living in the windladder of keynotes
the ascending
the descending
the madrigalian flood of the common names
the mystery-city of the voice
the sub-and-super thing
my cool man's eye raised up
my throat pilot-and-sun light
the wondrous keel of this ship capsized upon earth
the hull of this scallop is transparent
lacrymaculture the universe of the heart

het oor het omvamend karkas
boven het ontoereikende doen van de handen
het beeld van de gestoorde
ik in mijn stem
die de klank naboots
ik lig aan de kust en luister
in de verschrikkelijke greep der aanwezigheid
een zwarte paus
een lichtridder
een fabelfontein
van het modderband van de menselijke stem

(from *De gestalte der stem*, 1957)

from *Een broek voor een octopus*

DE ADEM EN DE RUIMTEN VAN HET WOORD

*If I hammer, if I recall in, and keep calling in, the breath, the breathing as
distinguised from the hearing, it is for cause, it is to insist upon a part that breath
plays in verse which has not (due, I think, to the smothering of the power of the line by
too set a concept of foot) has not been sufficiently observed or practiced, but which has
to be if verse is to advance to its proper force and place in the day, now, and ahead.*

Charles Olson, *Projective Verse*

omdat de mens ademt...
omdat hij ademt kent hij ritme
omdat het bloed in zijn aderen klopt
omdat hij in stroomversnellingen leeft
omdat bloed kan stollen
omdat hij kan hijgen
kan stamelen
omdat hij woedend is vloekt hij stakkato
zucht hij
omdat hij kan dansen laat hij woorden dansen
omdat hij zich ergert gromt hij
omdat hij zich verbaast zwijgt hij
omdat hij uit ritme geboren werd ken hij ritme

the ear the circumvamping carcass
the inadequate action of the hands up there
the picture of the disturbed
I in my voice
the one who imitates the sound
I lie down at the coast and listen
in the terrifying clench of the presence
a black pope
a knight of flight
a fable fountain
of the mudbath of the human voice

—Translated from the Dutch by Charles McGeehan

from *Pants for an Octopus*

The breath and the spaces of the word

*If I hammer, if I recall in, and keep calling in, the breath, the breathing as
distinguised from the hearing, it is for cause, it is to insist upon a part that breath
plays in verse which has not (due, I think, to the smothering of the power of the line by
too set a concept of foot) has not been sufficiently observed or practiced, but which has
to be if verse is to advance to its proper force and place inthe day, now, and ahead.*

Charles Olson, *Projective Verse*

because man breathes...
because he breathes he knows of rhythm
because blood pulses through his veins
because he lives in the river's rapids
because blood can curdle
because he can pant, gasp, stammer
because enraged he swears staccato
he sighs
because he can dance he lets words dance
because he distrubs he snarls
because he wonders he falls silent
because he was born out of rhythm he knows rhythm

ritme is hem ingeschapen
ritme is onontkoombaar
ademend ademt hij ritmen
omdat zijn eerste geluid een schreeuw was, een snik
omdat hij snikt en schreeuwt kent hij ritme
omdat de adem in zijn keel kan stokken
omdat hij kan praten, fluiten, huilen, flemen, keuvelen,
   leuteren, zwijgen, stotteren
omdat hij één bal uitdijende beweging is
is adem
is stem
is ritme
hem aangeboren...

'Verse now, 1950 (Amerikaanse vijftiger, internationaal in
de lucht) if it is to go ahead, if it is to be of *essential* use,
must, I take it, catch up and put into itself certain laws and
possibilities of the breath, of the breathing of the man who
writes as well as of his listenings.'

leven zien en doorstaan in ademsvormen
in ritmische eenheden stem
gestalten van stem
die de syntaxis doorsníjden
de vastgestelde eenheden
de voorgeschreven adem
de tocht van de adem 'vrijer' verdelen
vormen versnijden en samenvoegen
buren die elkaar niet kenden
de adem verdeelt zich op nieuwe ritmen
één schreeuw van emotie dekt het moment
uitgerust met beweging
zijn ogen, zijn handen, zijn voeten, zijn buik
en alles adem
de figuren die wij denken
beelden van uitrusting
niet rusten
dan in de stamel
en vorm is nooit meer dan een uitbreiding van inhoud

rhythm is innate to him
rhythm is inescapble
in breathing he breathes in rhythms
because his first sound was a scream, a sob
because he sobs and screams and gasps he knows rhythm
because the breath can catch in his throat
because he can talk, whistle, howl, cajole, babble,
    blabber, shut up, stutter
because in all he's a ball of swelling motion
his breath
his voice
his rhythm
are native to him...

'Verse now, 1950 (the American 1950s, in the light of the
international) if it is to go ahead, if it is to be of *essential* use,
must, I take it, catch up and put into itself certain laws and
possibilities of the breath, of the breathing of the man who
writes as well as of his listenings.'

living seeing enduring in forms of the breath
in rhythmic unities voice
shapes of the voice
that intersect the syntax
the established unities
the breath of prescription
distribute the draft of breath in a "freer" way
cut forms up and join them together
neighbors who hadn't known one another
the breath apportions itself now upon new rhythms
one scream of emotion blankets the moment
outfitted with motion
his eyes, his hands, his feet, his belly
and all is breath
the figures we think in, think up
equip-mental images, verbo-sonic outfitting
yet as such mostly mere quibbles or quips
unfit to quell the stammer
and form is never more than an extension of content

zo zegt Olson
de dichter aan het werk is een verwachting
hij reconstrueert kwasi mechanismen die hem in staat stellen
   hem de energie terug te geven die ze hem kostten en meer
   zegt Valéry
zijn oor spreekt tot hem
horen is praten
spreken is horen
want adem laat al de stem-kracht van de taal weer toe
maakt haar hoorbaar
hoorbaar doorbreekt zij de barrières
grammaticale overleveringen
hoorbaar is zij actie
de bloedsomloop van de maker
in hoorbare vormen
hoorbaar tot teken

....

wij bewegen ons weer in de gestalte der stem
de bewegende vormen het woord
bloot staat hij aan beweging, inval, interval, interventie en
   inventie
bloot aan het ritme dat hij moet regelen
dwz wederom bestrijden
paard en draf en berijder
tegendraads bewogen
beweegt zich de schaar en knipt
uiteen
aaneen
nieuwe ruimten van beweging
want de taal is de gehele mens en al zijn mogelijkheden
lopen en dansen, zegt Valéry, is proza in poëzie.
het ene proza het andere poëzie
maar er zijn meer gebaren van taal
de korte de lange de omhelzende de verzwelgende
de terugkerende de heengaande de komende
de schaduwende de lachende snikkende
de onderbroken de verbindende

says Olson
the poet at work is an expectation
he reconstructs quasi-mechanisms which get him ready for the
    restoration of the energy it has cost him and more than that
    says Valéry
his ear speaks to him
hearing is talking
speaking is hearing
as breath releases all the power of language again
makes it audible
hearable it breaks through all the barriers
grammatical traditions
hearable it is action
the circulation of the creator's blood
in audible form
hearable until a symbol

....

we get moving again in the shape of the voice
it's the movers who form the word
uncovered he works within the movement,
in motion—invasions, intervals, intervention
    and invention
bared to the rhythm he has to regulate
to get and keep a good move on
that is, battle with now and again
the horse and the trot and the rider
moved against the grain
the pair of shears move together—as one
new spaces of and by motion
as language is the whole man and all his possibilities
walking and dancing, says Valéry, is prose and poetry
one that's prose the other one's poetry
yet more are the many gestures of language
the Short the Long the Embracing the Engulfing
the Returning the Outgoing the Coming In
the Shadowing the Laughing, Gasping
the Interrupted the Interconnecting

de verbrekende de herkende
de onherkende samen één in de éne beweging mens
de stotterende stamelende
in zijn zee van gebaren
een nieuwe dramatiek van doorsneden
incanterende golf kracht
brekende branding
de duizenden gebaren van taal
de parende de schreeuw
en niet loskomen
maar één verschijnsel van ruimere werking
van heden
geen
plein
geen
vrees
        maar
                het perpetuum variable
        op de grondtoon
                tot op de grond van vroeger
        NU
        de adem van allen

....

de taal als zelfbeweger
de taal die gehoord wordt
de taal de gesproken wordt
vrijgeven aan zichzelf
aan de formaties
die zij uit zichzelf kiest
betekent: de vrijheid een stem geven
                de stem bevrijden
                de adem een huis bouwen

(from *"De adem en de ruimten van het woord," Een broek voor een octopus*, 1965)

the Interruptive the Identifying
the Unrecognizing, together, one in the single motion Man
the stuttering stammering one
in his sea of gestures
a new dramatics of cross-sections
incantatory wave force
shattering surf
the thousands of gestures of language
the coupling the scream
and not taking or getting off, or getting let or letting go
but *one* phenomenon of ampler effect
of today
nor *agora*
nor *phobia*
       it is the *perpetuum variable*
          upon the keynote
       upon the fundamental tone that resounds
          till onto the ground of the earlier on
       NOW—the breath of one and all

....

language is self-mover
language that gets heard
language that is spoken
released unto itself
unto the formations
that it selects out of itself
reveals through the signs—to give freedom a voice
                 liberate the voice
                 build the breath a house

—Translated from the Dutch by Charles McGeehan

from *De deur*

de dood, zei Remco
is een ontroering
ik weet nu beter
de dood is een klap
gieren van remmen
gerinkel van glas
en doodstil liggen
op straat
alleen
de dood is rood
en stil
je laatste woord
nog in mijn oor
dat is dood

de dood zei remco
is een ontroering
ik ben ont-roerd

in de nacht
en overdag
roep ik je terug
en sta je dan op?
uit het graf
waarop staat
ontwaakt uit de droom
ontwaak! uit de droom
van het leven
staat er

zo is het
dat ik me schaam
dat ik nog leef
en mij schaam
en verder leef
en mij soms schaam

from *The Door*

death, said Remco
is an emotional stir
now I know better
death is a smack
jamming brakes screeching tires
clattering glass
and lying dead-still
on the street
alone
death is red
and still
    your last word
    still in my ear
    that is dead

death said Remco
is an emotional stir
I cannot steer, rudderless now

at night
and during the day
I call you back
and do you then arise
out of the grave?
on which is inscribed
Awaken from the dream
Awaken!—from the dream
which life is
says the inscription

such is life
that I feel ashamed
that I'm yet alive
and am ashamed
and go on living
and sometimes I'm ashamed

....

je begrijpt
het eerste ogenblik
geloof je het niet
als iemand valt
staat ie weer op
dat geloof je
het eerste ogenblik
mijn oog
en blik

naast je stond je tas
rechtop
en het boek van de ANWB
open op Eerste Hulp bij Ongelukken
je begrijpt
het eerste ogenblik
geloof je het niet

en in je tas
rechtop naast je
zat mij bril
één glas stuk
het rechtse
mijn oog
het rechter
was blauw

....

als ik tafel zeg
of Aladdin
zeg ik jou
als ik vuur maak
zeg ik huis
zeg ik jou
also ik ja zeg, nee zeg
kom zeg, eet zeg
op reis zeg

....

you know
that first eyeful
you don't believe it
when someone falls
he stands up again
that's what you believe
that first eyeful
it's awful

your handbag was lying upright
beside you
and the Touring Guidebook
lay open at the First Aid section
you know
that first eyeful
you don't believe it

and in your handbag
upright beside you
were my eyeglasses
one glass broken
the right eye
my eye
the bruised one
was blue

....

if I say table
or Aladdin lamp
I say you
if I make a fire
I say house
I say you
if I say yes, say no
say bowl, say eat
say traveling

hier of daar zeg
waar wij al niet waren
zeg
zeg ik jou
wat ik ook zeg
of niet zeg
zeg ik jou

....

kijk
als mensen zijn wij
zo oud
dat wij
de ervaring van eeuwen
(onze opbouw)
haast niet vatten
(van wege het grote vergeten)
en vaak niet willen

terwijl toch:
(en daardoor)
wij zo leven
en daarom de droom
vaak groter is
dan het wakende leven
zodat de verstorven
woorden en de daden
zich nooit verwezenlijkten

....

het verdriet is
de verwerking van
een wonde
der erkenning van
een heling

say here or there
wherever we've been
I say
I say you
whatever I say
or don't say
I say you

....

look
as humans we are
so ancient
that we almost
cannot contain
(due to the Great Forgetting)
the experience of ages
(our buildings up)
and often don't want to

meanwhile we do
(and thereby)
live that way
and therefore the dream
is often greater
than our waking life
so that the lifeless
words and the deeds
never realize themselves

....

grief
is the metabolizing of
a wound
the acknowledgment
of a healing

....

vogel zingt
tak breekt
vogel valt
vogel vliegt
vogel zingt

....

de deur

een deur is open
of dicht

een deur die open is
is een gat naar
de ruimte

een deur die dicht is
deel van de muur
begrenst de ruimte

als ie beweegt
is ie eend deur

zo ben ik
een deur

(from *De deur*, 1972)

....

bird sings
branch breaks
bird falls
bird flies
bird sings

....

the door

a door is open
or closed

a door that's open
is a hole toward
space

a door that's closed
part of the wall
marks off space

if it moves
it is a door

so I am
a door

—Translated from the Dutch by Charles McGeehan

Het oor

in het zachte oor van de ezel
valt de avond
in de muren de rest
van de zon

valt de schaduw langer
en langer
in het trage gebaar
van de rijzende duisternis

(from *Formentera*, 1984)

The Ear

Into the donkey's soft ear
the evening falls
on the walls the rest
of the sun

the shadow stretches longer
and longer
into the slow coil
of night's rising dark

—Translated from the Dutch by Douglas Messerli

Simon Vinkenoog

Simon Vinkenoog [Netherlands]
1928

Born in 1928, Simon Vinkenoog, like others in this volume, experienced as a teenager World War II and the German Occupation. Like many of his generation he was drawn to Paris after the war, in the days when writing appeared as a subversive act. He worked in Paris for several years, keeping in close contact with artists such as Karel Appel, at whose exhibitions he recited his poems and prose. Here also he published a journal, *Blurb,* in which he explained his ideas for a new order of the arts. His important anthology of poetry, *Atonaal,* became a major influence for experimental Dutch poets and others.

photo EDDY POSTHUMA DE BOER

Returning to the Netherlands, Vinkenoog became involved with the Dutch Fiftiers, sharing their radical sense of poetic structure and subject. Later, in the 1960s and 1970s, Vinkenoog embraced many of the socially and artistically radical groups, including the Beats, becoming a sort of guru for many younger Dutch authors.

BOOKS OF POETRY

Wondkoorts (Amsterdam: U. M. Holland, 1950); *Land zonder nacht* (1952); *Heren Zeventien* (Amsterdam: De Beuk, 1953); *Tweespraak* (with Hans Andreus) ('s-Gravenhage: Stols, 1956); *Spiegelschrift-Gebruikslyriek* (Amsterdam; De Bezige Bij, 1962); *Gesproken woord (Jazz & Poetry)* (1964); *Eerste Gedichten 1949-1964* (Amsterdam: De Bezige Bij, 1966); *Wonder boven wonder* (Amsterdam: De Bezige Bij, 1972); *Mij best* (Amsterdam: De Bezige Bij, 1976); *Het huiswerk van de dichter* (Massbree: Corrie Zelen, 1978); *Made in Limburg* (Massbree: Corrie Zelen, 1979); *Poolschoogte/Approximations [bilingual]* (Heerlen: Uitgerverij 261, 1981); *Voeten in de aarde en berge verzetten* (Amsterdam: Guus Bauer, 1982); *Op het eerste gehoor* (Amsterdam: De Beuk, 1988); *Vreugdevuur* (Groningen: Passage, 1998); *De ware Adam* (Groningen: Passage, 2000); *Goede raad is vuur* (Groningen: Passage, 2004)

BOOKS IN ENGLISH

And the Eye Became a Rainbow, trans. by Cornelis Vleeskens (Melbourne: Fling Poetry, 1990)

ik ken de woorden van de taal niet die ik spreek
en verwonderd zie ik mijn gedachten na,
het zijn de handen van de liefste niet
het zijn geen zwanen in het water
het is geen hulpkreet
die de muur doorbreekt,
het is ook de wereld niet
waarin ik verga.

(from *Podium,* 1950; collected in *Eerste Gedichten 1949-1964,* 1966)

Machteloosheid

een brandende schemer hangt al jaren
over deze voorstad van de dood
de vonkende straten zijn verlaten
de schaduwloze huizen lege gaten
maar in de ramen spiegelt kinderleven

vermoeden: het ongerijpt verlangen
waaraan als natte vlaggen
bloeiende vogellijken hangen—
dit wordt het weten

ik heb gezichsloos deze buurt doorkruist
en heb me zoekmoede ogen
die de mijne niet waren
stervende drempels overschreden

—ik ben verloren en hervonden
verward geraakt
en verbannen geworden—

don't know the words
of the language I speak

and in amazement
I follow my thoughts,

they aren't the hands of the beloved
they aren't swans on the water

it is not a cry for help
that breaks down the walls

it is not even the world
in which I perish.

—Translated from the Dutch by Cornelis Vleeskens

Powerlessness

for years a scorching dusk has hung
over this suburb of death
the sparkling streets are deserted
the shadowless houses empty holes
but the windows mirror childplay

suspicion: the immature longing
on which birdcarcasses blossom
like wet banners—
this becomes the knowing

faceless I have crisscrossed the district
and world-weary eyes
that were no longer mine
I stumbled over dying doorsteps

—I was lost and found
confused and was banished—

nu volgt een uitgebluste nacht
op deze schemer op de regen
en op de tijdloze dagen
die van mijn dwalen de
verlamde getuigen waren
want dit is het eeuwige nodeloze
wanhopige groeiende verdergaan

(from *Wondkoorts*, 1950)

Jeugd

ik heb verwonderd naar
dat eerste gedicht geluisterd:
verwanzing
waarvan wellust is gebleven
ik was als kind
bij moeder thuis
de haren in mijn ogen
de voeten in het lauwe
water
en het eerste gedicht
als een bromvlieg om mijn hoofd

verleden—
verwondering
also grijze haren uitgevallen
een deernis-tweemansbed
woordenvergadering
en het laatste woord
door haar belet

(from *Wondkoorts*, 1950)

now an extinguished night
follows on dusk on this rain
and on these timeless days
that were the lame witnesses
to my wanderings

for this is the eternal needless
desperate growing hanging in

—Translated from the Dutch by Cornelis Vleeskens

Youth

I listened in wonder
to that first poem:
infatuation
that led to well-being
childlike
at home
hair in my eyes
feet in the tepid
water
and that first poem
like a blowfly around my head

the past—
wonder shed
like gray hairs
a pathetic double bed
a meetingplace for words
the last word
silenced by her

—Translated from the Dutch by Cornelis Vleeskens

Bliksem

dit is het handschrift van een ziek genie:
prikkeldraad
vergaan aan de hemel
ik ben het brandende water
getroffen, torens
en de roes der elementen

ik ben het ontvluchten gespaard gebleven
laaghangende wolken
een stromentrekkende regen
en de dorst der goden

ik ben de huilende bomen
en het nadersluipen van de herfst
ik ben de regen
de donder en de wrakk der stormen—
de nacht het niet geloven aan de zon

het blijft deze weg zonder huizen
de bomen de gedroomde glimmende keien
en het onweer de regen

nu in de plassen gaan liggen
languit wachten
tot mij de bliksem raakt

(from *Wondkoorts,* 1950)

Karel Appel

Was hij van vuur?
Stamde hij niet van de aarde af?
Hij was geen engel
en speelde niet voor Satanas.

Branden zou hij,

Lightning

this is the handwriting of a sick spirit:
barbedwire
perished under heaven
I am the burning water
that's been hit, towers
and the drunken stupor of the elements

I have been spared the desperate escape
lowhanging clouds
floodrains
and the thirst of gods

I am the crying trees
and the slow approach of autumn
I am the rain
the thunder and the revenge of storms—
the night the not believing in the sun

it remains this road without houses
the trees the imagined shining rocks
and the storm the rain

now lay me down in puddles
and wait spreadeagled
for the lightning to hit me

—Translated from the Dutch by Cornelis Vleeskens

Karel Appel

Was he made of fire?
Wasn't he from this earth?
He was no angel
and didn't play the Stanic role.

He would have to burn,

hongeren en begeren,
tranen kokende olie storten
en schateren: Messias in Texas.

Opraken zou hij, vlugger dan anderen,
zuurstof, stikstof, een zucht
van goddelijke verlichting;
kortleven, branden en as.

Het water is gebroken,
de koude heeft schipbreuk geleden,
onder de adem woont het ijs,

het bloed van beulen versteent,
fossielen tieren welig
in dit landschap.

(from *Spiegelschrift-Gebruikslyriek,* 1962)

Tenzij de dingen uit zichzelf gaan spreken

een kraan het hoog geluid van liefde fluit
een waterstraal die onverslapte aandacht tikt
een dronken boodschap in de brievenbus
een onverwacht bezoek aan de deur gevonden

de zee die door de straten weifelt
de zon een onbeholpen minnaaar op mijn huid
en de doofstomme takken van de bomen
in mijn ogen etcetera

Tenzij ik jaren op je wachten wil
en op je mond het stempel ongeopend druk

als met een zegelring die woorden bloed
en vlijt in de nagels drijft

to hunger and go wanting,
to exude tears of boiling oil
and roar: The Messiah in Texas.

He would use up, faster than others,
oxygen, nitrogen, a sigh
of godly enlightenment;
shortliving, burning and ashes.

The waters are broken,
cold has suffered a shipwreck
beneath the breath lives the ice,

the blood of the executioner turns to stone,
fossils thrive and luxuriate
in this landscape.

—Translated from the Dutch by Cornelis Vleeskens

Unless the Things Start to Speak for Themselves

a tap whistling the high notes of love
a waterstream holding your unswerving attention
a drunken message in the letterbox
an unexpected visitor found on the doorstep

the sea wandering the streets
the sun an uninvited lover on my skin
and the deafdumb branches of trees
in my eyes etcetera

Unless I want to wait years for you
and press unanswered on your mouth
a seal that bleeds the words
and puts dirt under your fingernails

de handen die niets meer weten
van het feest dat morgen
in de cijfers van het heden
wijdbeens staat geplant

(from *Eerste Gedichten 1949-1964*, 1966)

Topografisch

1

Wij wonen in een kleine stad schandalen
Uitbesteed,
vandalen
rukkend aan de pas-toe
wind in de zeilen gesmeten

Reeds 15 jaren schettert en ment men het paard der geliefde,
knelt men de zweep in een dijbeenbreuk
waarvan overal dezelfde adem spreekt,

dankend voor de brieven van destjds
Voetvenvegend in het paradijs,
op de thuisreis—om nooit te vergeten
Een vlucht gepenseeld in de ogen

2

Zij tasten mij
en andere stenen
tasten andere dieren

Men wacht op mij,
Ik wacht op u,
het slaphangend volksdeel in de handen

the hands no longer aware
of the feast that in the morning
stands with legs spread
over the symbols of today

—Translated from the Dutch by Cornelis Vleeskens

from *Topographic*

1

We live in a small town
with scandals laid bare
vandals ripping in formation
with the wind in their sails

for 15 years we've yelled
and driven love's horses
cracked the whop on their thighs
with everywhere the same breath blowing

thank you for your letter from whenever
wiping our feet on paradise
we're going home—and won't forget

A flight brushed on the eyes

2

They touch me
and other rocks—
touch other beasts

They wait for me
I wait for you
the slack community under control

in een stadscentrum,
op de rand van een trottoir
dat naar de voorstelling leidt—

En barend in de morgen
de kinderen van de nacht
met een handvol dromen spoedend through tunnels of love

(from *Eerste Gedichten 1949-1964,* 1966)

Zuster

Er woont een zachte zuster in mijn huid
een vrijbuiter die in mijn lichaam bijt
en soms haar handen op mijn zijde legt,
's nachts stelten loopt, of danst of rust.

Dan dringt zij ook haar dromen aan mij op
en ik leg mij huiverend naast haar:
een dode, een schamel geraamte,
knikkend en stamelend.

(from *Eerste Gedichten 1949-1964,* 1966)

Oosterpark

Weet je nog hoe fris het gras was?
Weet je nog hoe de bladeren ruiken,
die van de bomen vallen, als het najaar wordt?
Ruik mee: er is een wereld, achter je neus gelegen,
waar de zon zich, ook als het regent, toegang verschaft
met de geur van een roos, of een kus uitdelend,
want al wat geurt, geurt naar leven:
geboorte orgasme dood en weerom.

in the city square
on the edge of the pavement
waiting for the show—

And bearing in the morning
night's children
with a handful of dreams
racing through tunnels of love

—*Translated from the Dutch by Cornelis Vleeskens*

Sister

A soft sister lives in my skin
a freeloader who bites into my body
and sometimes lays her hands on my side,
at night walks on stilts, or dances or rests.

And then she offers her dreams to me
and I lay shuddering next to her:
a corpse, a frail skeleton,
nodding and stuttering.

City Gardens (Oosterpark)

Do you still know how fresh the grass was?
Do you still know how the leaves smell,
that fall from the trees, as autumn approaches?
Smell with me: there is a world behind your nose
where the sun, even when it's raining, provides entry
with the smell of a rose, or blowing a kiss,
because all that smells, smells of life:
Gestation Orgasm Death and around again.

Weet je nog toen je wist:
ja, zó is het,
dit zal het altijd zijn
en nooit is het anders
geweest...
Weet je nog?
Weet je nog wel?
Weet je nog, helder?
Weet je nog:
al wat je ooit hebt meegemaakt?
Sta je nog op scherp,
aan de rand van de afrond
die leven van dood scheidt
en niet vergeten: dit is *mijn* weg,
en elke weg is een ander?

Doe je nog wat?
Doe je nog maar wat mee?
Laaat je je nog leven,
of heb je allen macht al in handen,
onderweg zijnd: jezelf zijn,
in je eigen leven?
Heb je al gevonden?
Weet je nog,
alles—
alles dat pijn deed
alles dat je liever vergeet
al wat je ooit is te binnen geschoten?

Klaar. Duidelijk. Vatstaand. Zeker,
heb je het vast kunnen houden?
Ben je het al vergeten?
Zoek je nog?
En ik, ik babbel maar wat,
vraag me wat af, op het gras,
in het Oosterpark,
tussen slapende Marokannen,
kaartende, dammende bejaarden,
vrijende paartjes

Do you still know when you knew:
yes, that's how it is,
this will always be
and never has it been
different...
Do you still know?
Do you still know it?
Do you still know, clearly?
Do you still know:
all you have ever experienced?
Are you still finely tuned,
on the edge of the abyss
that separates life from death,
and not to forget: this is *my* way,
and each way is different?

Are you still doing?
Are you still just playing along?
Do you let yourself be lived,
or have you taken all power in your hands,
being on the way: being yourself,
in your own life?
Have you found it?
Do you still know,
everything—
everything that caused pain
everything you'd rather forget
everything you ever thought of?

Clear. Obvious. Fixed. Certain,
have you been able to hold onto it?
Have you forgotten it already?
Are you still searching?
And me, I just babble on,
question myself, on the grass,
in the City Gardens,
between sleeping Moroccans,
cardplaying, chessplaying old people,
courting couples

en een jongen, die de eendjes voert...

Ik zit hier maar wat,
ik open het gehoor,
ik ruik het frisse gras
en de geur van de eerste vallende bladeren.

Zacht maar wat,
rust maar wat,
doe maaar wat,
maar doe het:
met overgave,
want er is niets anders
dan wat je *nu* doet,
niet wat je gisteren deed, telt—
niet wat je morgen doet,
maar hoe je je nu, hier, voelt
ontroerd, bewogen, of zo maar wat dromend,
van de wind de in de boomtoppen ruist,
een hond die opgesloten, onophoudelijk blaft,
een rustig ogenblik in het Oosterpark,
mijn fiets die omvalt
en een vliegtuig dat een kijk- en geluids-spoor trekt...

En ik, die dit gedicht achterlaat,
beschreven blaadjes, waarom het gaat,
wie wil not de wereld veranderen,
als alles verandert?
Wie wil nog zijn buurman te lijf,
als die eend al zó luid kwaakt?

KWAAK KWAAK KWAAK KWAAK KWAAK

          KWAAK
                  KWAAK
                          KWAAK

(from *Mij best*, 1976)

and a boy, who's feeding the ducks...

I'm just sitting here,
I'm opening the conversation.
I smell the fresh grass
and the smell of the first falling leaves.

Easing a bit
resting a bit,
doing a bit,
but doing it:
with conviction,
because there is nothing else
but what you're doing *now*,
not what you did yesterday, counts—
not what you'll do tomorrow,
but how you feel her and now,
touched, moved, or just dreaming a bit,
about the wind whispering in the treetops,
a locked-up dog, continuously barking,
a peaceful moment in the City Gardens,
my bike which falls over
and a plane that makes a sight and sound-track...

And me, leaving behind the poem,
written leaves, what it's all about:
Who still wants to change the world,
if everything is changing?
Who still wants to attack his neighbor
if that duck is already quacking *that* loud?

QUACK QUACK QUACK QUACK QUACK

      QUACK
          QUACK
             QUACK

—Translated from the Dutch by Cornelis Vleeskens

Although we proofread all material in each volume of the *PIP Anthologies* several times, in projects so encompassing it is inevitable, however regretful, that typographical errors appear in the final published works. We apologize for those errors, and we will work to correct them all in future reprintings. In the meantime, here are some newly discovered errors noticed in previous issues of the *PIP Anthologies*.

Ingeborg Bachman, vol 1, 23
    Line 3: Inssbruck *should be* Insbruck
Oliverio Girondo, vol 4, 35
    Line 15: his first volume and verse *should be* his first volume of verse
    Line 16: Appolinaire *should be* Apollinaire
Introduction, vol 7, 12
    Line 5: *Caterpiller* should be *Caterpillar*
David Antin, vol 7, 63
    The material at the top of the page should be deleted. This material prefaces another poem. Also, the source of the poem, "defininitons from mendy," *should read* (from *meditations,* 1971).
Martha Ronk, vol 7, "Pico Boulevard"
    Line 6: the running of the both. *should read* the running out of both.

Jackson Mac Low [USA]
1922-2004

American poet and performer Jackson Mac Low died on December 8, 2004. Below is an obituary that appeared in *Bookforum,* written by the noted poet Charles Bernstein.

Jackson Mac Low: Poetry as Art
by Charles Bernstein

Jackson Mac Low, who died on December 8, 2004, at the age of 82, had two children. His son, Mordecai-Mark, is a computational astrophysicist working at the Museum of Natural History, and his daughter, Clarinda, is dancer and choreographer who often performs in downtown Manhattan. The two paths his children have chosen exemplify Mac Low's own contribution to poetry: his profound understanding of the physics of language and his exuberant articulation of the sounds of words in unpredictable motions.

Mac Low is probably the most controversial of the many great poets of the legendary "New American Poetry" generation, literary artists born in the 1920s and weighted with such names as Beat and Projective, New York School and San Francisco Renaissance. Of the group, Mac Low has been the hardest to assimilate into the predominantly humanist, self-expressive orientation of postwar American poetry. Seen from the point of view of the visual and performing arts, Mac Low's work may appear less abrasive; and yet there is no visual or performing or conceptual artist who has created word works that approach the complexity, ingenuity, and density of Mac Low's, including his many Fluxus associates or his long-time comrade and instructor in the art of chance, John Cage. It is not that his work is better than his contemporaries – Mac Low himself rejected such forms of evaluation – but that his work's significance for the development of poetry and for our understanding of verbal language is without parallel. He mined deep and rich veins for poetry that had previously gone largely untapped.

Mac Low was a superb performer, bringing a musician's ear for tempo and pitch to a preternatural precision in the enunciation of even the most far-flung vocabulary. The experience of those who have only read his work on the page pales in comparison to those who have heard him perform live or on recordings. He was a performance artist of the highest order and a performance poet *avant la lettre*. His texts are scores for performance – by the poet but also for the reader. Indeed, a text of his was performed by the Julian Beck and Judith Malina's Living Theater in 1962 and one of his signal works, *The Pronouns: A Collection of Forty Dances for the Dancers* (Barrytown: Station Hill, 1979) emerged from his engagement, in the 1960s, with Simone Forti, Meredith Monk, Trisha Brown, and other dancers associated with the Judson Memorial Church in Greenwich Village. Mac Low's readings often involved active creative participation by a small group from the audience in the realization of such works as "Simultaneities," in which the text is read not in unison but through a practice of active listening. Throughout the past two decades, Mac Low often performed stunning duets with his wife and fellow artist, Anne Tardos.

Over his long career, Mac Low wrote many types of poem. His first works, such as "HUNGER STrikE wh at doe S lifemean," were composed when he was a teenager, in the late 1930s. He went on to become one of the most prolific American poets of the 20th century, though much of his work remains unpublished, a good deal untyped. Mac Low continued to create poetry, including sound and visual poems and musical compositions right up until the time of his death, with many of his most powerful and original works – and the majority of his published work – written after 1980, including *From Pearl Harbor Day to FDR's Birthday* (College Park, MD: Sun & Moon Press, 1982), *Words and Ends from Ez* (Bolinas, CA: Avenue B, 1989), *Twenties: 100 Poems* (NY: Roof Books, 1991), *Pieces o' Six: Thirty-three Poems in Prose* (Los Angeles: Sun & Moon Press, 1992), and *42 Merzgedichte in Memoriam Kurt Schwitters* (Barrytown, NY: Station Hill Press, 1994). Much of Mac Low's most compelling work in his later period echo qualities of his aleatoric poems, while being freely composed. This is something that is also true of the work of a number of the poets associated with L=A=N=G=U=A=G=E, many of whom, myself included, felt a close kinship with Mac Low and with whom, it could be said, he found one of his aesthetic homes as an elder and fellow-traveler, after his important founding participation in Fluxus, and alongside his close association with a circle of poets that included David Antin, Jerome Rothenberg, Armand Schwerner, and Hannah Weiner.

The multiplicity of Mac Low's forms and his rejection of any hierarchy among the forms of poetry (objective and subjective, expository or nonrepresentational, lyric and epic), along with his refusal to identify poetic composition with a characteristic "voice" of the poet, are among the most radical aspects of his poetics. But Mac Low's radicalism went beyond his art practice: he was a lifelong anarchist and pacifist, engaged in decades of antiwar, civil rights, and social justice activism. Mac Low, who grew up in suburban Chicago in a Jewish household, moved to New York after graduating from the University of Chicago in 1941 and quickly became involved in political dissent. At the same time, he was part of the new wave of Americans to come under the influence of Buddhism, through the teaching of D. T. Suzuki, in the 1950s.

Despite the great variety of Mac Low's output and the significance of his political commitments, he is most frequently associated with a compositional practice he began in the 1950s: the use of predetermined structures – procedures or algorithms – for generating poems. This was the kind of work that he included in his best-known early publication, the 1963 Fluxus collection, *An Anthology,* on which he worked with La Monte Young, and also in his two groundbreaking collections of works from 1960, *Stanzas for Iris Lezak* (Barton, VT: Something Else Press, 1972) and *Asymmetries 1-260* (NY: Printed Editions, 1980). In later years, Mac Low preferred to call such works "quasi-intentional," rejecting the designation "chance-generated."

If Mac Low realized an alternative to the personally expressive poem, it was not through a rejection of intentionality but a through a realization of the hyperspace of aesthetic motivation, , which takes into account the social trajectory of a work and the aesthetic choices made, as well as any specific content. Mac Low's work reflects intention writ large, along with a ferocious commitment to precision and documentation. Intention in Mac Low is not found in any one poem or structure but rather in the interconnection among works, or perhaps in the burning space between, as Edmond Jabès once suggested. *Representative Works: 1938-1985* (NY: Roof Books, 1986) provides the only single-volume map, so far, of the exemplary pluriformity of his work.

As anyone who knew Mac Low or worked closely with him was aware, he did not countenance accident or carelessness or typographic error, even in works whose word order was determined by a systematic process. His aim was to fully articulate the possibilities of form forging meaning. As such, the means he employed in creating his compositions were never offhand or mysterious.

Consider, for example, Mac Low's characteristically long, detailed, and sometimes exasperating, introductions to his work – not only documenting the rules for text-generation and the dates of composition, but also often stipulating exactly how the works were to be performed, down to the number of seconds to pause between phrases. Mac Low sought a kind of total aesthetic control more often associated with contemporary composers of complex music than with poets. To achieve his intention, all the identifiable material conditions involved in the fabrication of the work were acknowledged upfront. In Mac Low's poetics, the motivation for the poem is not to convey a predetermined meaning or set of marked associations but rather to maximize semantic potential within the bounds of stipulated constraints. As a result, the difficulty of reading his work is of a different order than that associated with much modernist poetry. In Mac Low, it is never a question of deciphering, since there is nothing hidden, obscure, or purposefully ambiguous: the difficulty is not like that of figuring out a puzzle or interpreting a dream but of responding to the virtually unassimilated, the nearly unfamiliar, and the initially unrecognizable.

Reading Mac Low provides a rigorous but exhilarating exercise in aesthetic projection and determination, in the dawning of aspects and the indispensability of frames. Meaning is not handed over but discovered, just as value is not preordained but wrested from the materials at hand. This is profoundly secular and democratic exercise. There is plenty of pleasure to be had but passivity is not rewarded. Collective response, just as group performance, is fomented.

What could make a sharper political contrast than the imaginary of a Mac Low composition and a reality in which so many of the rules that manipulate social meaning and choice are deliberately hidden. In contrast to core values manufactured by unstated or disguised objectives, Mac Low provides no effects but only principles. Our greatest poet of the manipulated poem is also our greatest poet of negative dialectics – of the total rejection of hidden manipulation in the pursuit of expressive engagement. As such, Mac Low's work embodies an ethics of sincerity and responsibility.

But of course all the objectification in the world will never explain how the poems take flight or the resonance they shore against an ever-darkening night. It turns out that far from emptying the poem of emotion or interiority, Mac Low was a zen Jewish alchemist: converting words into quarks and sparks. His magnificent and multidimensional poems open vast expanses for the imagination to inhabit.

Among Jackson's most beautiful works is *Light Poems* (the first 22 of which were published by Black Sparrow Press in 1968). The 32nd Light Poem is an elegy for Paul Blackburn, but I now I think of my companion, guide, and light in so many things seen and unseen, heard and misheard, hoped and lost:

Let me choose the kinds of light
to light the passing of my friend

……

If there were a kind of black light
that suddenly cd reveal to us
each other's inwardness

…...

but to black light of absence
not ultraviolet light
revealing hidden colors

but revelatory light that is no light
the unending light of the realization
that no light will ever light your bodily presence again

Now your poems' light is all
The unending light of your presence
in the living light of your voice

Reprinted by permission of Charles Bernstein.

INDEX OF VOLUMES 1-6

RAFAEL ALBERTI vol 1, 9-22

VICENTE ALEIXANDRE vol 4, 9-18

ANNA AKHMATOVA vol 2, 9-17

WILL ALEXANDER vol 5, 35-46

FRANCISCO ALVIM vol 3, 19-25

(JOSÉ) OSWALD DE (SOUZA) ANDRADE vol 2, 18-24

DAVID ANTIN vol 5, 47-65
       vol 6, 285

ARNALDO ANTUNES vol 3, 27-31

RAE ARMANTROUT vol 5, 66-81

NELSON ASCHER vol 3, 33-41

CARLOS ÁVILA vol 3, 43-47

ECE AYHAN vol 2, 26-30
       vol 5, 335 [obituary]

CARLITO AZEVEDO vol 3, 49-61

THÉRÈSE BACHAND vol 5, 82-90

INGEBORG BACHMANN vol 1, 23-30
       vol 6, 285

TODD BARON vol 5, 91-103

LENORA DE BARROS vol 3, 63-67

GOTTFRIED BENN vol 2, 32-40

GUY BENNETT vol 5, 104-115

LUCIAN BLAGA vol 2, 43-49

RÉGIS BONVICINO vol 3, 68-87

FRANKLIN BRUNO vol 5, 116-123

REMCO CAMPERT vol 6, 16-64

       Stel voor…/Imagine, 18/19

       Poëzie is een daad…/Poetry Is An Act…, 20/21

       Musici/Musicians, 22/23

       Mussen/Sparrows, 26/27

       Het was in het jaar van de staking/
         It was the Year of the Strike, 28/29

       Niet te geloven/Unbelievable, 34/35

       Hoera, hoera/Hurrah, hurrah, 34/35

       Oude mensen in Zuid-Frankrijk/
         The Old in the South of France, 36/37

       Voor me opgebeld/A Call for Me, 38/39

from *Gemompel/[Last night]*, 40/41

Een vlag op een machinerie/A Flag on a Device, 40/41

Iemand stelt de vraag/Someone Poses the Question, 42/43

Vallen/Falling, 48/49

Brieven/Letters, 50/51

Rokerssymfonie/Smoker's Symphony, 52/53

1975/1975, 56/57

Lamento/Lamento, 60/61

ANGELA DE CAMPOS vol 3, 87-91

JORGE CARRERA ANDRADE vol 2, 60-54

AGE DE CARVALHO vol 3, 93-97

BLAISE CENDRARS [FRÉDÉRIC SAUSER] vol 2, 56-63

LUIS CERNUDA (Y BIDON) vol 4, 19-26

HUGO CLAUS vol 6, 66-98

Achter Tralies/Behind Bars, 68/69

Een Kwade Man/An Angry Man, 68/69

Marsua/Marsyas, 70/71

De regenkoning/The Rain King, 72/73

Het Dier/The Animal, 74/75

De zee/The Sea, 74/75

Genheim kan/Secret (And the Knife, 76/77

Een vrouw-14/A Woman: 14, 76/77

De maagd/The Virgin, 78/79

N.Y./N.Y., 80/81

De bewaker spreekt/The Guard Speaks, 84/85

Heer Everzwijn/from Lord Boar, 84/85

Fabel/Fable, 88/89

Vriendin/Girlfriend, 90/91

Ambush/Ambush, 92/93

Kringloop/Circuit, 92/93

Etude/Etude, 94/95

ANA CRISTINA CESAR vol 3, 99-105

ANDRÉE CHEDID vol 4, 27-34

WANDA COLEMAN vol 5, 124-132

HORÁCIO COSTA vol 3, 107-121

JÚLIO CASTAÑON GUIMARÃES vol 3, 123-129

ROBERT CROSSON vol 5, 133-146

CATHERINE DALY vol 5, 147-154

RUBÉN DARÍO [FÉLIX RUBÉN GARCÍA SARMIENTO] vol 1, 31-36

MICHAEL DAVIDSON vol 5, 155-166

GÜNTER EICH vol 1, 37-48

GUNNAR EKELÖF vol 1, 49-58

JAN G. ELBURG vol 6, 101-128

    eigen haard/no place like home, 102/103

    oudmodisch regenlied/old-fashioned rain song, 102/103

    arcadische ode/arcadian ode, 104/015

    denken met tong en tanden/thinking with tongue and teeth, 106/107

    niet alleen vogels vliegen/birds are not the only ones to fly, 106/107

    wisten wij echter/but did we know, 108/109

    dit verdriet/this sadness, 110/111

    onder de zon/under the sun, 110/111

    niets van dat alles/nothing of all this, 112/113

    daarin begaafd/a talent for this, 112/113

    kennis van het bestaande/knowledge of what is, 114/115

    veel niets om leven/much nothing ado about life, 116/117

    bretagne, eind april/brittany, the end of april, 116/117

    bertrand de born/bertrand de born, 122/123

FORUGH FARROKHZAD vol 2, 66-72

    vol 5, 335

J.(OSEP) (ARSENI) V.(IENÇ) FOIX vol 1, 59-66

PEDRO GARCÍA CABRERA vol 2, 74 83

OLIVERIO GIRONDO vol 4, 35-44

    vol 6, 285

ÁNGEL GONZÁLEZ vol 1, 67-76

BARBARA GUEST vol 2, 84-91

    vol 4, 206

JORGE GUILLÉN vol 1, 77-83

    vol 2, 189-192

NIKOLAI GUMILEV vol 2, 93-99

HAGIWARA SAKUTARŌ vol 1, 84-94

HAYASHI FUMIKO vol 1, 95-103

MIGUEL HERNÁNDEZ vol 4, 45-54

LELAND HICKMAN vol 5, 167-180

PETER HUCHEL vol 2, 100-109

VICENTE HUIDOBRO [VICENTE GARCÍA FERNÁNDEZ] vol 2, 110-115

GYULA ILLYES vol 4, 55-64

FRIGYES KARINTHY vol 1, 104-108

GERRIT KOUWENAAR vol 6, 128-158

    de dag/the day, 130/131

elba/elba, 130/131

hand o.a./hand etc., 134/135

een zonnige ochtend/a sunny morning, 134/135

als een ding/as an object, 136/137

zonder namen/without names, 138/139

gebeurtenis/event, 138/193

van eiland naar land/from island to land, 140/141

ervaring/experience, 142/143

een wintermuziek/a winter music, 142/143

zie de dagladen/see the papers, 144/145

waarvan men niet kan spreken/whereof one cannot speak, 146/147

decor in 3 bedrijven/décor in 3 acts, 148/149

dit is/this is, 152/153

een geur van verbrande veren/a smell of burnt feathers, 154/155

onleesbaar/illegible, 154/155

KUSANO SHINPEI vol 4, 65-73

ELSE LASKER-SCHÜLER no 4, 74-84

PAULO LEMINSKI vol 3, 131-145

MINA LOY vol 4, 85-94

LUCEBERT [LUBERTUS JACOBUS VAN SWANNSWIJK], vol 6, 158-194

[kindergeurig kwam zij savonds]/[childfragrant she came that night], 160/161

[langzaam begin ik te spleen het spel van de oude koningen:] [slowly i begin to play the game of ancient kings:], 160/161

[ik tracht op poëtische wijze]/[i try in poetic fashion], 162/163

[er is alles in de wereld het is alles]/[it's all in the world it is all], 164/165

brancusi/brancusi, 166/167

moore/moore, 166/167

rousseau le dounaier/rousseau le douanier, 168/169

ossip zadkine/ossip zadkine, 168/169

ab ovo/ab ovo, 170/171

de rivier/the river, 174/175

nazomer/indian summer, 178/179

dood van de vliegengod/death of the lord of the flies, 178/179

wat het oog schildert/what the eye paints, 180/181

in memoriam willem reijers/in memoriam willem reijers, 182/183

[aan elke slaaf een duiventree om het licht in te trappen von zijn ondergang]/ [on every slave a pigeon loft to king in the light of his decline], 184/185

de verdediging van de provo's/the defense of the provos, 186/187

de indigo-eter/the indigo eater, 190/191

DUDA MACHADO vol 3, 147-159
  vol 4, 206
JACKSON MAC LOW vol 1, 116-124
  vol 2, 193
  vol 6, 285 [obituary]
BARBARA MALOUTAS vol 5, 181-189
OSIP MANDELSHTAM vol 1, 125-132
MARUYAMA KAORU vol 2, 120-127
DEBORAH MEADOWS vol 5, 190-195
JOÃO CABRAL DE MELO NETO vol 1, 133-143
DOUGLAS MESSERLI vol 5, 196-211
HENRI MICHAUX vol 1, 144-153
O.(SCAR) V.(LADISLAS) DE L.(UBICZ) MILOSZ vol 1, 154-160
ANTÔNIO MOURA vol 3, 161-165
HARRYETTE MULLEN VOL 5, 212-219
MARTIN NAKELL vol 5, 220-227
ÁGNES NEMES NAGY vol 1, 161-168
PABLO NERUDA vol 2, 128-138
TORQUATO NETO vol 3, 167-177
VÍTĚZSLAV NEZVAL vol 4, 95-110
NISHIWAKI JUNZABURŌ vol 4, 111-121
  vol 5, 336
CEES NOOTEBOOM vol 2, 140-146
OCTAVIO PAZ vol 4, 122-131
DENNIS PHILLIPS vol 5, 228-241
JÁNOS PILINSZKY vol 2, 147-150
SYBREN POLET [SYBE MINNEMA], vol 6, 197-222
  Masjienale gedichten VII/Machine Poems, VII, 198/199
  H-bom/H-Bomb, 202/201
  Teoreties/Theoretical, 202/203
  Wij-materie/We Matter, 204/205
  Hij-man/He-man, 204/205
  Heropvoeding/Re-education, 208/209
  Zelfepeterend gedicht/Self-repeating Poem, 210/211
  Kollektief liefdesgedicht voor 2 personen/
    Collective Love Poem for 2 Persons, 218/219
VASKO POPA vol 4, 132-142
HENRIKAS RADAUSKAS vol 2, 152-156
CHRISTOPHER REINER vol 5, 242-250

YANNIS RITSOS vol 4, 143-154

PAUL RODENKO, vol 6, 225-230
        Februarizon/February Sun, 226/227
        Robot Poëzie/Robot Poetry, 226/227
        Bommen/Bombs, 228/229

MARTHA RONK vol 5, 251-259
        vol 6, 285

CLAUDIA ROQUETTE-PINTO vol 3, 179-185

JOE ROSS vol 5, 260-268

AMELIA ROSSELLI vol 1, 169-176
        vol 5, 336

JEROME ROTHENBERG vol 5, 269-280

NELLY SACHS vol 4, 155-164

MÍLTOS SAHTOÚIS vol 2, 158-166

SAINT-JOHN PERSE [ALEXIS SAINT-LÉGER LÉGER] vol 2, 167-173

WALY SALOMÃO vol 3, 187-197
        vol 4, 206 [obituary]

MARK SALERNO vol 5, 281-286

STANDARD SCHAEFER vol 5, 287-293

BERT SCHIERBEEK, vol 6, 232-264
        from *Het boek Ik*/from *The Book I,* 234/235
        from *De gestalte der stem*/from *Shapes of the Voice,* 238/239
        from *Een broek voor een octopus*/from *Pants for an Octopus,* 246/247
        from *De deur*/from *The Door,* 254/155
        Het oor/The Ear, 262/263

ROCCO SCOTELLARO vol 1, 177-182

EDITH SÖDERGRAN vol 2, 174-177

ALFONSINA STORNI vol 2, 178-187

JULES SUPERVIELLE vol 4, 165-173

TADA CHIMAKO vol 4, 174-183

TAKAHASHI MUTSUO vol 1, 183-195

FEDERICO TAVARES BASTOS BARBOSA vol 3, 199-201

JORGE TEILLER vol 4, 184-193

SUSANA THÉNON vol 4, 194-199

JOHN THOMAS vol 5, 294-300

PAUL VANGELISTI vol 5, 301-312

ORHAN VELI (KANIK) vol 4, 200-205

PASQUALE VERDICCHIO vol 5, 313-322

JOSELY VIANNA BAPTISA vol 3, 203-213

SIMON VINKENOOG, vol 6, 267-284

    [ik ken de woorden van de taal niet die ik spreek]/
      [I don't know the words of the language I speak], 268/269
    Machteloosheid/Powerlessness, 268/269
    Jeugd/Youth, 270/271
    Bliksem/Lightning, 272/273
    Karel Appel/Karel Appel, 272/273
    Tenzij de dingen uit zichzelf gaan spreken/Unless the Things Start
      to Speak for Themselves, 274/275
    *Topografisch/*from *Topographic*, 276/277
    Zuster/Sister, 278/279
    Oosterpark/City Gardens (Oosterpark), 278-279

DIANE WARD vol 5, 323-334

GREEN INTEGER
Pataphysics and Pedantry

Douglas Messerli, *Publisher*

Essays, Manifestos, Statements, Speeches, Maxims,
Epistles, Diaristic Notes, Narratives, Natural Histories,
Poems, Plays, Performances, Ramblings, Revelations
and all such ephemera as may appear necessary
to bring society into a slight tremolo of confusion
and fright at least.

*

Individuals may order Green Integer titles through PayPal (www.Paypal.com).
Please pay the price listed below plus $2.00 for postage to Green Integer
through the PayPal system. You can also visit our site at www.greeninteger.com
If you have questions please feel free to e-mail the publisher at
info@greeninteger.com
Bookstores and libraries should order through our distributors:
USA and Canada: Consortium Book Sales and Distribution
1045 Westgate Drive, Suite 90, Saint Paul, Minnesota 55114-1065
United Kingdom and Europe: Turnaround Publisher Services
Unit 3, Olympia Trading Estate, Coburg Road, Wood Green,
London N22 6TZ UK

*

OUR TITLES [LISTED BY AUTHOR]

±Adonis *If Only the Sea Could Sleep: Love Poems* [1-931243-29-8] $11.95
Tereza Albues *Pedra Canga* [1-899295-70-9] $12.95
Will Alexander *Asia & Haiti* [Sun & Moon Press: 1-55713-189-9] $11.95
Pierre Alferi *Natural Gaits* [Sun & Moon Press: 1-55713-231-3] $10.95
Hans Christian Andersen *Travels* [1-55713-344-1] $12.95
Eleanor Antin [Yevegeny Antiov] *The Man Without a World: A Screenplay*
              [1-892295-81-4] $10.95
Rae Armantrout *Made to Seem* [Sun & Moon Press: 1-55713-220-8] $9.95
              Necromance [Sun & Moon Press: 1-55713-096-5] $8.95
              The Pretext [1-892295-39-3] $9.95

Ascher/Straus *ABC Street* [1-892295-87-7] $10.95

Ece Ayhan *A Blind Cat Black and Orthodoxies* [Sun & Moon Press:
   1-55713-102-3] $10.95

Ingeborg Bachmann *Letters to Felician* [1-931243-16-6] $9.95

Krzysztof Kamil Baczyński *White Magic and Other Poems* 1-931243-81-6] $12.95

Djuna Barnes *The Antiphon* [1-899295-56-3] $12.95

   Interviews [Sun & Moon Press: 0-940650-37-1] $12.95

Dennis Barone *The Returns* [Sun & Moon Press: 1-55713-184-8] $10.95

Martine Bellen *Tales of Murasaki and Other Poems* [Sun & Moon Press:
   1-55713-378-6] $10.95

†Henri Bergson *Laughter: An Essay on the Meaning of the Comic*
   1-899295-02-4] $11.95

Charles Bernstein *Republics of Reality: 1975-1995* [Sun & Moon Press:
   1-55713-304-2] $14.95

   Shadowtime [1-933382-00-7] $11.95

Régis Bonvicino *Sky-Eclipse: Selected Poems* [1-892295-34-2 $9.95

Robert Bresson *Notes on the Cinematographer* [1-55713-365-4] $8.95

André Breton *Arcanum 17* [1-931243-27-1] $12.95

   *Earthlight [1-931243-27-1] $12.95

Lee Breuer *La Divina Caricatura* [1-931243-39-5] $14.95

Luis Buñuel *The Exterminating Angel* [1-931243-36-0] $11.95

Olivier Cadiot *Art Poetic'* [1-892295-22-9] $12.95

Francis Carco *Streetcorners: Prose Poems of the Demi-Monde*
   [1-931243-63-8] $12.95

Paul Celan +*Lightduress* [1-931243-75-1] $12.95

   Romanian Poems [1-892295-41-4] $10.95

   Threadsuns [1-931245-74-3] $12.95

Louis-Ferdinand Céline *Ballets without Music, without Dancers, without Anything*
   [1-892295-06-8] $10.95

   The Church: A Comedy in Five Acts
   [1-892295-78-4] $13.95

Andrée Chedid *Fugitive Suns: Selected Poetry* [1-892295-25-3] $11.95

Anton Chekhov *A Tragic Man Despite Himself: The Complete Short Plays*
   [1-931243-17-4] $24.95

Chen I-Chih *The Mysterious Hualien* [1-931243-14-x] $9.95

Dominic Cheung [Chang Ts'o] *Drifting* [1-892295-71-7] $9.95

Marcel Cohen *Mirrors* [1-55713-313-1] $12.95

Joseph Conrad *Heart of Darkness* [1-892295-49-0] $10.95

Clark Coolidge *The Crystal Text* [Sun & Moon Press: 1-55713-230-5] $11.95

Charles Dickens *A Christmas Carol* [1-931243-18-2] $8.95

Mohammed Dib *L.A. Trip: A Novel in Verse* [1-931243-54-9] $11.95

Michael Disend *Stomping the Goyim* [1-9312243-10-7] $12.95

Jean Donnelly *Anthem* [Sun & Moon Press: 1-55713-405-7] $11.95

±José Donoso *Hell Has No Limits* [1-892295-14-8] $10.95

Arkadii Dragomoschenko *Xenia* [Sun & Moon Press: 1-55713-107-4]
$12.95

Oswald Egger *Room of Rumor: Tunings* [1-931243-66-2] $9.95

Larry Eigner *readiness / enough / depends / on* [1-892295-53-9] $12.95

Sam Eisenstein *Cosmic Cow* [1-931243-45-x] $16.95
Rectification of Eros [1-892295-37-7] $10.95

Andreas Embiricos *Amour Amour* [1-931243-26-3] $11.95

Raymond Federman *Smiles on Washington Square* [Sun & Moon Press:
1-55713-181-3] $10.95
The Twofold Vibration [1-892295-29-6] $11.95

Carlos Felipe [with Julio Matas and Virgilio Piñera] *Three Masterpieces of
Cuban Drama* [1-892295-66-0] $12.95

Robert Fitterman *Metropolis 1-15* [Sun & Moon Press: 1-55713-391-3] $11.95

Ford Madox Ford *The Good Soldier* [1931243-62-x] $10.95

Maria Irene Fornes *Abingdon Square* [1-892295-64-4] $9.95

Jean Frémon •*Island of the Dead* [1-931243-31-x] $12.95

Sigmund Freud [with Wilhelm Jensen] *Gradiva* and *Delusion and Dream
in Wilhelm Jensen's* Gradiva [1-892295-89-x] $13.95

Federico García Lorca *Suites* 1-892295-61-x] $12.95

Armand Gatti *Two Plays: The 7 Possibilities for Train 713 Departing from
Auschwitz and Public Song Before Two Electric Chairs*
[1-9312433-28-x] $14.95

Dieter M. Gräf *Tousled Beauty* [1-933382-01-5] $11.95

Elana Greenfield *Damascus Gate: Short Hallucinations* [1-931243-49-2] $10.95

Jean Grenier *Islands: Lyrical Essays* [1-892295-95-4] $12.95

Barbara Guest *The Confetti Trees* [Sun & Moon Press: 1-55713-390-5] $10.95

Hervé Guibert *Ghost Image* [1-892295-05-9] $10.95

Hagiwara Sakutarō *Howling at the Moon: Poems and Prose*
[1-931243-01-8] $11.95

Joshua Haigh [Douglas Messerli] *Letters from Hanusse* [1-892295-30-x] $12.95

†Knut Hamsun *The Last Joy* [1-931243-19-0] $12.95
On Overgrown Paths [1-892295-10-5] $12.95
A Wanderer Plays on Muted Strings [1-893395-73-3] $10.95

Marianne Hauser *Me & My Mom* [Sun & Moon Press: 1-55713-175-9] $9.95

Lyn Hejinian *My Life* [1-931243-33-6] $10.95
Writing Is an Aid to Memory [Sun & Moon Press: 1-55713-271-2
$9.95

Sigurd Hoel *Meeting at the Milestone* [1-892295-31-8] $15.95

Hsi Muren *Across the Darkness of the River* [1-931243-24-7] $9.95

Hsu Hui-chih *Book of Reincarnation* [1-931243-32-8] $9.95

Vicente Huidobro *Manifestos Manifest* [1-892295-08-3] $12.95

Len Jenkin *Careless Love* [Sun & Moon Press: 1-55713-168-6] $9.95

Wilhelm Jensen [with Sigmund Freud] *Gradiva* and *Delusion and Dream in Wilhelm Jensen's* Gradiva [1-893395-89-x] $12.95

Jiao Tong *Erotic Recipes: A Complete Menu for Male Potency* [1-893395-85-9] $8.95

James Joyce *On Ibsen* [1-55713-372-7] $8.95

Richard Kalich *Charlie P* [1-933382-05-8] $12.95

Ko Un *Ten Thousand Lives* [1-933382-06-6] $14.95

Alexei Kruchenykh *Suicide Circus: Selected Poems* [1-892295-27-x] $12.95

Tom La Farge *Zuntig* [1-931243-06-9] $13.95

Else Lasker-Schüler *Selected Poems* [1-892295-86-5] $11.95

Michel Leiris *Operratics* [1-892295-03-2] $12.95

Osman Lins *Nine, Novena* [Sun & Moon Press: 1-55713-229-1] $12.95

Mario Luzi *Earthly and Heavenly Journey of Simone Martini* [1-9312433-53-0] $14.95

†Thomas Mann **Six Early Stories* [1-892295-74-1] $10.95

†Harry Martinson *Views from a Tuft of Grass* [1-931243-78-6] $10.95

Julio Matas [with Carlos Felipe and Virgilio Piñera] *Three Masterpieces of Cuban Drama* [1-892295-66-0] $12.95

±Friederike Mayröcker *with each clouded peak* [Sun & Moon Press: 1-55713-277-1] $11.95

Deborah Meadows *Representing Absence* [1-931243-77-8] $9.95

Douglas Messerli *After* [Sun & Moon Press: 1-55713-353-0] $10.95

   Bow Down [ML&NLF: 1-928801-04-8] $12.95

   First Words [1-931243-41-7] $10.95

   ed. *Listen to the Mockingbird: American Folksongs and Popular Music Lyrics of the 19th Century* [1-892295-20-2] $13.95

   Maxims from My Mother's Milk/Hymns to Him: A Dialogue [Sun & Moon Press: 1-55713-047-7] $8.95

   [ed. with Mac Wellman] *From the Other Side of the Century: A New American Drama 1960-1995* [Sun & Moon Press: 1-55713-274-x] $29.95

   see also Joshua Haigh and Kier Peters

Henri Michaux *Tent Posts* [1-55713-328-x] $10.95

Christopher Middleton *In the Mirror of the Eighth King* [1-55713-331-x] $9.95

Sheila E. Murphy *Letters to Unfinished J.* [1-931243-59-x] $10.95

Martin Nakell *Two Fields That Face and Mirror Each Other* [1-892295-97-0] $16.95

Gellu Naum *My Tired Father / Pohem* [1-892295-07-5] $8.95
Murat Nemet-Nejat *The Peripheral Space of Photography* 1-892295-90-3] $9.95
Gérard de Nerval *Aurélia* [1-892295-46-6] $11.95
Vítězslav Nezval •*Antilyrik & Other Poems* [1-892295-75-x] $10.95
Henrik Nordbrandt *The Hangman's Lament: Poems* [1-931243-56-5] $10.95
John O'Keefe *The Deatherians* [1-931243-50-6] $10.95
Toby Olson *Utah* [1-892295-35-0] $12.95
OyamO *The Resurrection of Lady Lester* [1-892295-51-2] $8.95
Sergei Paradjanov *Seven Visions* [1-892295-04-0] $12.95
Kier Peters *A Dog Tries to Kiss the Sky: 7 Short Plays* [1-931243-30-1] $12.95
　　　　　The Confirmation [Sun & Moon Press: 1-55713-154-6] $6.95
Dennis Phillips *Sand* [1-931243-43-3] $10.95
Pedro Pietri *The Masses Are Asses* [1-892295-62-8] $8.95
Virgilio Piñera [with Julio Matas and Carlos Felipe] *Three Masterpieces of Cuban*
　　　　　Drama [1-892295-66-0] $12.95
Nick Piombino *Theoretical Objects* [1-892295-23-7] $10.95
Edgar Allan Poe *Eureka, A Prose Poem* [1-55713-329-8] $10.95
Antonio Porta *Metropolis* [1-892295-12-1] $10.95
Anthony Powell *O, How the Wheel Becomes It!* [1-931243-23-9] $10.95
　　　　　Venusberg [1-892295-24-5] $10.95
Stephen Ratcliffe *Sound / (system)* [1-931243-35-2] $12.95
Jean Renoir *An Interview* [1-55713-330-1] $9.95
Rainer Maria Rilke *Duino Elegies* [1-931243-07-7] $10.95
Elizabeth Robinson *Pure Descent* [Sun & Moon Press: 1-55713-410-3] $10.95
Reina María Rodríguez *Violet Island and Other Poems* [1-892295-65-2] $12.95
Martha Ronk *Displeasures of the Table* [1-892295-44-x] $9.95
Joe Ross *EQUATIONS=equals* [1-931243-61-1] $10.95
Amelia Rosselli *War Variations* [1-931243-55-7] $14.95
Tiziano Rossi *People on the Run* [1-931243-37-9] $12.95
Sappho *Poems* [1-892295-13-x] $10.95
Ole Sarvig *The Sea Below My Window* [1-892295-79-2] $13.95
Leslie Scalapino *Defoe* [1-931243-44-1] $15.95
Arno Schmidt *Radio Dialogs I* [1-892295-01-6] $12.95
　　　　　Radio Dialogs II [1-892295-80-6] $13.95
　　　　　The School for Atheists: A Novella=Comedy in 6 Acts
　　　　　[1-892295-96-2] $16.95
Arthur Schnitzler *Dream Story* [1-931243-48-4] $11.95
　　　　　Lieutenant Gustl [1-931243-46-8] $9.95
Eleni Sikelianos *The Monster Lives of Boys and Girls* [1-931243-67-0] $10.95
Paul Snoek *Hercules Richelieu and Nostradamus* [1-892295-42-3] $10.95
　　　　　The Song of Songs: Shir Hashirim [1-931243-05-0] $9.95

Gilbert Sorrentino *Gold Fools* [1-892295-67-9] $14.95

New and Selected Poems 1958-1998 [1-892295-82-2] $14.95

Christopher Spranger *The Effort to Fall* [1-892295-00-8] $8.95

Thorvald Steen *Don Carlos and Giovanni* [1-931243-79-4] $14.95

Gertrude Stein *History, or Messages from History* [1-55713-354-9] $5.95

Mexico: A Play [1-892295-36-9] $5.95

Tender Buttons [1-931243-42-5] $10.95

Three Lives [1-892295-33-4] $12.95

To Do: A Book of Alphabets and Birthdays [1-892295-16-4] $9.95

Kelly Stuart *Demonology* [1-892295-58-x] $9.95

Cole Swensen *Noon* [1-931243-58-1] $10.95

Fiona Templeton *Delirium of Interpretations* [1-892295-55-5] $10.95

Henry David Thoreau *Civil Disobediance* [1-892295-93-8] $6.95

Rodrigo Toscano *The Disparities* [1-931243-25-5] $9.95

Mark Twain [Samuel Clemens] *What Is Man?* [1-892295-15-6] $10.95

César Vallejo *Aphorisms* [1-9312243-00-x] $9.95

Paul Verlaine *The Cursed Poets* [1-931243-15-8] $11.95

Mark Wallace *Temporary Worker Rides a Subway* [1-931243-60-3] $10.95

Barrett Watten *Frame* (1971-1990) [Sun & Moon Press: 1-55713-239-9] $13.95

Progress / Under Erasure [1-931243-68-9] $12.95

Mac Wellman *Crowtet 1: A Murder of Crows and The Hyacinth Macaw*
[1-892295-52-0] $11.95

Crowtet 2: Second-Hand Smoke and The Lesser Magoo
[1-931243-71-9] $12.95

The Land Beyond the Forest: Dracula and Swoop
[Sun & Moon Press: 1-55713-228-3] $12.95

Oscar Wilde *The Critic As Artist* [1-55713-328-x] $9.95

William Carlos Williams *The Great American Novel* [1-931243-52-2] $10.95

Yang Lian *Yi* [1-892295-68-7] $14.95

Yi Ch'ŏngjun *Your Paradise* [1-931243-69-7] $13.95

Visar Zhiti *The Condemned Apple: Selected Poetry* [1-931243-72-7] $10.95

† Author winner of the Nobel Prize for Literature

± Author winner of the America Award for Literature

• Book translation winner of the PEN American Center Translation Award [PEN-West]

* Book translation winner of the PEN/Book-of-the-Month Club Translation Prize

+ Book translation winner of the PEN Award for Poetry in Translation

THE PIP [PROJECT FOR INNOVATIVE POETRY] SERIES OF WORLD OF
POETRY OF THE 20TH CENTURY

VOLUME 1 Douglas Messerli, ed. *The PIP Anthology of World Poetry of the 20th Century* [1-892295-47-4] $15.95

VOLUME 2 Douglas Messerli, ed. *The PIP Anthology of World Poetry of the 20th Century* [1-892295-94-6] $15.95

VOLUME 3 Régis Bonvicino, Michael Palmer and Nelson Ascher, eds.; Revised with a Note by Douglas Messerli *The PIP Anthology of World Poetry of the 20th Century: Nothing the Sun Could Not Explain—20 Contemporary Brazilian Poets* [1-931243-04-2] $15.95

VOLUME 4 Douglas Messerli, ed. *The PIP Anthology of World Poetry of the 20th Century* [1-892295-87-3] $15.95

VOLUME 5 Douglas Messerli, ed. *The PIP Anthology of World Poetry of the 20th Century: Intersections—Innovative Poetry in Southern California* [1-931243-73-5] $15.95

VOLUME 6 Peter Glassgold, ed. with an Introduction; Revised and Expanded with a Note by Douglas Messerli *The PIP Anthology of World Poetry of the 20th Century: Living Space: Poems of the Dutch Fiftiers* [1-933392-10-4] $18.95